從習慣洞察人心

HABIT & PERSONALITY

學會識人術　解決人際關係的所有煩惱

專業諮商心理師

林萃芬

著

目錄

第二章 ♥ 從人際習慣洞察人心

第三章 ♥ 從金錢習慣洞察人心

第四章 ♥ 從飲食習慣洞察人心

第五章 ♥ 從特殊「性偏好」洞察人心

第六章 ♥ 從不良習慣洞察人心

推薦序一

從生活各個層面解析人格特質

林文雄／1111人力銀行總裁

1111人力銀行一直很重視求職者的人格特質，不只致力於讓求職者依據自己的專業能力及人格特質找到最佳的生涯舞台，同時也努力爲企業雇主招募到具備專業熱忱和身心健康的員工，使企業界跟求職者都能夠滿足彼此的需求，達到「滿意度」與「適任度」雙贏的境界。

也因此，我經常邀請林萃芬心理師一起討論「如何讓各種不同人格特質的員工了解自我潛能的所在」，我最佩服她預測員工未來發展的功力，她總是耐心聆聽員工的工作歷程，適時提出刺激思考的問句，引導員工運用自己的心理力量，找到自己的生涯成功方向。

這幾年，林萃芬心理師更積極在企業界推廣「員工心理健康」的具體作法，以及「預測員工行爲風險」的專業知識，帶領企業主管及HR精確掌握員工在面對壓力時會出現哪些行爲，員工碰到瓶頸時可能會有那些反應，員工出現那些行爲時暗藏危險因子，讓企業主管及ＨＲ可以正確判斷狀況，及時做出最好的因應對策。

「從習慣洞察人心」這本書兼顧心理學理論和諮商實務經驗，從生活中的各個層面了解人們的「行爲習慣」，由點到面逐步深入解析人格特質，我推薦給工作上需要與人群接觸互動的主管、ＨＲ、業務、上班族，透過這本書可以清楚知道行爲背後的意義，進而找到影響對方的有效做法。

另外在閱讀「從習慣洞察人心」這本書時，我還有個意外的收穫，更了解周遭家人、朋友的行爲和心理，有助於增進雙方的感情。這也讓我想到心理學大師阿德勒提到的人生三大任務：工作、親密、友誼，在林萃芬心理師所寫的「從習慣洞察人心」一書中也可以得到啟示。

推薦序二

洞察人心有方法

徐西森／國立高雄師範大學諮商心理與復健諮商研究所教授兼所長

今日，你我處在多元多變的後現代社會，傳統的價值觀受到衝擊，人心與人性更加複雜深奧，家庭倫理、人際互動與職場生活也形成許多的變化與挑戰，心理學及其相關知識的需求更爲殷切，已成爲當代的顯學之一。心理學是一門研究個體行爲的科學，人心與人類行爲被證實有其原理和脈絡，習慣便是一種行爲模式與心理反應，當我們越了解周遭人的行爲習慣，越有助於你我的人際相處、生活適應與職場發展。

本書「從習慣洞察人心」作者林萃芬心理師從事心理衛生與心理諮商工作多年，不僅是一位專業的實務工作者，對於心理學相關知識的教育推廣也相當投入。萃芬心理師是我在中華民國諮商心理師公會全國聯合會理事長（二〇一三—二〇一九）任內的「媒體與公共關係委員會」召集人，積極規劃許多提高諮商心理師能見度與促進社會大衆心理健康的活動，對社會脈動的敏感度、觀察力和專業知識能力俱佳。

從心理學角度來看，習慣是一種「刺激」與「反應」間的聯結關係，有其一致性、穩定性、可探究性與可操作性；本書對人類多種習慣行爲兼具分析性與實用性，六章內容分別從生活習慣、人際習慣、金錢（消費）習慣、飲食習慣、特殊偏好和不良習慣等六面向來預測、分析和掌握人類的心理與行爲，透過各種不同的問題、行爲和習慣來了解自己與別人的「心理現象」，融會貫通之後，有助於人際溝通，減少互動衝突，以適應發展人生。

本書將心理學艱深複雜的學術原理與研究結果融入於日常生活的樣貌與事件中，如Lazarus 提出 BASIC-ID 的七大心理現象：行爲 Behavior、情緒 Affect、感覺 Sensation，意象 Imagery、認知 Cognition、人際關係 Interpersonal，以及藥物 Drug，有系統地分析我們自己與他人的人格特質；Anderson 的人類自動化思考習慣，當生活中遇到需要解決問題的狀況時（如人際相處、員工管理或子女管教），我們習慣於使用過去的而不是符合現在狀況的想法和做法，導致無法解決問題、關係惡化或適應不良。

本書另從生活中容易取得的訊息來探索他人的個性人格，例如從慣用右手或左手、手機自拍、卡債族消費等行爲模式，或從賭徒、酗酒者、員工、夫妻、父母和子女等角色習慣，來探究其人格、態度、動機、工作性格和行爲反應等「心理定位」，相當貼近你我的理解認知和生活樣態，也能指引我們應對進退及問題處理的方法、方向，內容兼具學理與實作。這是一本心理學應用的生活教材，也是洞察人心的教戰守則，值得閱讀與推介。

自序

從習慣洞察人心

當社會快速變動，我們每個人的心理狀態都會變得比較複雜，經歷的心理轉折也會比較多，這個時候，若是懂得如何洞察人心，便能幫助自己跟對方相處時，快速又安全的找到適合彼此的相處之道。

從一個人的習慣，不只可以了解對方的性格特質，同時掌握對方的生活習性，更能預測對方的行動方向，以及未來命運會如何發展。

研究習慣非常深入的心理學大師柯永河認爲，習慣是「刺激」與「反應」間的穩定關係。養成習慣也有助於我們減輕生活壓力，節省心理能量，好的習慣還會幫助我們適應生活，克服困難。

想要深入了解一個人，最寶貴的線索就是觀察對方的生活習慣、金錢習慣、情緒習慣、飲食習慣、良好習慣以及不良習慣，再探索這些習慣背後，隱藏哪些重要訊息，可以準確評估對方的心理健康程度。

觀察「心理現象」快速的掌握人格特質

心理學大師拉查若斯（Lazarus）將我們每個人的「心理現象」歸納成BASIC-ID七個大類，可以幫助我們有條理的掌握自己跟對方的人格特質，這七個大方向包括：行爲（Behavior）、情緒（Affect）、感覺（Sensation），意象（Imagery）、認知（Cognition）、人際關係（Interpersonal），還有藥物（Drug）。

在這本書裡，透過各種不同的行爲和習慣來了解自己與別人的「心理現象」，融會貫通之後，有助於溝通順暢，更能排除人際衝突。

另外，書中也試著從容易取得的訊息來探索人格特質，譬如說，從慣用右手或左手觀察人格特質、從自拍觀察人格特質。同時分析常見的行爲習慣，例如：卡債族的人格特質、賭徒的行爲模式、酗酒者的特質，從各種不同角度提供觀察者看人的重點。

解讀「心理定位」有助於說服對方

無論是企業想要說服員工接受公司政策，或是店家想要說服顧客購買商品，還是提案想要說服別人認同，都需要先了解「心理定位」。

我們每個人的「心理定位」包括：人格、態度、動機、工作性格、生活型態和行爲模式。

一般而言，要說服別人接受新的習慣是很困難的，所以，如果提出的訴求點跟對方的價值觀、生活型態剛好相符合，對方的接受度就會高很多。在本書中，依據每個人不同的生活習慣，從食物、用餐、車子、娛樂、休閒、潔癖，可以更了解自己跟別人的生活型態，也能更清楚自己跟別人的「心理定位」，讓生活更符合自己的價值觀。

習慣的強弱會跟「強化物」有關

習慣的強弱會跟「強化物」有關，而「強化物」又可分為「積極強化物」和「消極強化物」兩種。

「積極強化物」是可以為我們帶來生理及心理的快樂，滿足我們的心理需求。譬如說，得獎可以讓我們產生成就感、滿足感，就屬於「積極強化物」。

而「消極強化物」則能為我們降低痛苦，例如俗話說「一朝被蛇咬，十年怕草繩」，為了避免被蛇咬的痛苦，我們會迴避危險的來源。值得注意的是，經過「消極強化物」而學來的習慣是很難消除的，往往會形成強迫性的行為。

我接觸過不少高度焦慮的父母會在無意間使用「消極強化物」來讓孩子學習小心謹慎，譬如說，以嚴肅的口吻告誡孩子：「如果沒有檢查好門窗是否關好，小偷就會跑進我們家，把我們的財產偷光，你要小心，不要害我們家遭小偷。」孩子接到指令後，為了避免被偷的恐懼，於是不斷檢查門窗，變成無法停止的強迫性行為。

另外，夫妻之間最常見的「消極強化物」就是外遇，大多數的受傷者經歷過背叛後，無論時間過了多久，雙方感情修復得多好，依然不能完全信任對方，仍會擔心對方會不會又再度鬆懈，做出讓自己無法接受的事情。

在心理治療的過程中，找到當事人行為背後的「強化物」是很重要的，而這些「強化物」通常會跟過去的成長歷程有關，在書中我花了很多時間整理出成長歷程對一個人的影響，特別是情緒習慣的成長歷程、性心理的發展歷程、特殊人格的成長歷程。例如，口腔期跟飲食習慣息息相關，肛門期則會影響自我控制、秩序潔癖、強迫型人格傾向。雖然我們無法回到過去改變歷史，卻能療癒過去的傷害，降低過去的負向影響。

同樣的，探索別人的成長歷程，也可以幫助我們了解對方，何以會出現令人百思不得其解的行為反應，找到跟對方相處最自在舒服的方式。

培養「家庭習慣的敏感度」讓斷裂的人際關係活絡起來

進入專業心理諮商的領域，不管在精神科診所或心理諮商所，「感情諮商」都是當事人來談最主要的議題。我發現，無論當事人前來諮商的動念是因為一方外遇之後夫妻想要重建信任並且修復親密關係，亦或是雙方溝通不良想要透過心理師建立對話平台，亦或是孩子需要專業心理團隊的協助，亦或是一方不堪婚姻壓力亟欲脫離婚姻，都可以看到家庭關係的斷裂與暗流。

身爲諮商心理師，我深深覺得，如果可以培養「家庭習慣的敏感度」：適時觀察「夫妻互動習慣、親子互動習慣、手足相處習慣的品質」，同時評估「溝通習慣、任務分配習慣、需求滿足習慣」，就會知道如何「讓斷裂的家庭關係活絡起來」，會對諮商歷程產生微妙顯著的正向影響。

在這本書中，我根據理論與實務經驗，整理了從「家庭習慣」來理解自己與別人，例如：從排行看人格特質、從人際與情緒習慣洞察人心、從床舖習慣看性愛滿意度。

追溯「家庭習慣的養成歷程」，可以從核心深入了解我們在乎的人，而不會做出帶有偏見的結論。

舉例來說，很多父母都認爲孩子太早談戀愛會影響課業成績，所以嚴格控制孩子的交友情形。事實上研究結果顯示，眞正會影響國高中生的學業成績，反而是孩子跟父母溝通品質的好壞。所以，父母理解孩子行爲背後的想法和感受，再跟孩子討論接下來如何面對感情狀況，讓孩子邊成長邊學習，養成良好的親密互動習慣。事實上，洞察人心不只是消極的趨吉避凶，而是積極的看懂對方的心理需求，以及心理轉折，書中深入淺出從戀愛對象看內在需求、從寵物洞察心理需求、從飲食習慣看心理需求，輕輕鬆鬆就能走進對方的內心世界，找對方法跟對方建立關係。

從思考習慣看心理健不健康

心理學家安德遜（Anderson）發現，人類的思考習慣有兩種反應，一種是自動化反應，完全不費力，思考過程是習慣取向，通常連自己都沒有覺察。簡單的說，自動化思考的人，碰到需要解決的狀況時，還是會習慣用過去的思考方式解決問題，而不是使用符合現在狀況的思考方式，也因此，他想到的解決問題方法可能不適合現狀的，進而導致他環境適應不良。

心理健康跟心理不健康的人最大的差別是，心理不健康者的反應常常是自動化的，非常快速的，而且大多傾向不利於己的。

另一種思考習慣是有彈性可以幫助我們適應環境的變化，因應情境的需要調整問題的解決策略。很多習慣的背後都有自動化思考，不妨邊看書邊覺察自己的思考習慣，倘若發現有不合現狀的想法引導自己做出偏離常軌的行爲，就需要調整自動化思考的習慣。想要改變自動化思考的習慣，有效的方法是，練習對同一件事情做多重解釋：「除了這個意思，還有沒有別的可能性？」同時練習思考各種不同的解決方案。

覺察自己的心理議題

除了洞察別人的心理狀態以外，了解習慣的養成過程，更能幫助我們覺察自己的心理議題，像是從特殊「性偏好」看內心黑洞，暴食與厭食的心理特質與不當補償行爲，進而幫助自己重新培養健康的習慣。

「不良習慣」的鐵三角

逃學、反社會、低成就，這三個元素可說是形成「不良習慣」的鐵三角。很多人會關心：習慣一旦養成了有可能改變嗎？改變習慣的關鍵期是什麼時候？在書中也盡可能找到各種可能的解答，讓爲人父母者可以輕鬆避開教養的地雷，培養身心健康的下一代。

心理空虛時容易成癮

觀察一下周遭的親朋好友，有成癮習慣的人眞的很多，只是類型不同，在書中試著探索不同成癮狀況，從購物成癮、酒精成癮、藥物毒品成癮、性愛成癮、賭博成癮，除了分析導致成癮的原因外，也設計出檢測自己或別人是否成癮的測驗、量表，同時探討如何戒掉成癮習慣，拿回人生的「自我控制權」，不再被成癮事物控制自己的心智及未來。

前言

洞察人心教戰守則

我一直覺得，動物學家的觀察力是最敏銳的。到波士頓旅行的時候，意外地發現了賞鯨之旅的活動。簡直不可思議，只要坐兩個小時的船，就可以看到世界上最大的哺乳動物鯨魚。

不過，當賞鯨船在海上行駛了兩個小時，放眼望去一片風平浪靜，什麼動靜也沒有，不禁開始懷疑，真的有鯨魚嗎？正在擔心可能會白跑一趟，導遊即透過麥克風興奮地廣播：「告訴大家一個好消息，我們已經測出前面有鯨魚的蹤影，馬上便可以看到。」

鯨魚真的出現了，由遠到近，看著牠噴水；看著牠翻躍；看著牠擺尾，船上每個人的目光都緊跟著牠不放，唯恐漏掉任何一個精采鏡頭。

「真是太值得了」、「讓人終身難忘」回程途中，所有人都在發表賞鯨感言。而我的歇腳地點剛好在一台電腦前面，經過工作人員的熱心解說，才知道這個海域的每條鯨魚都有自己的名字：有的名叫彩虹；有的名叫蝙蝠；有的名叫斑馬；有的名叫蝴蝶，每些名字都取得既特別又好記。

「這些名字是誰爲牠們取的呢？」我好奇地問。

「研究這個海域鯨魚的動物學家，根據牠們尾巴上的特徵而取的。」原來，每隻鯨魚皆有自己獨一無二的尾巴。若想跟牠們打聲招呼，讚美一下牠們的美麗尾巴，只要將牠們的名字輸入電腦，按下 ENTER 鍵後，就可以看到各種不同樣子的尾巴，非常有趣。

以前我總想不通，在我們眼裡看起來長得一模一樣的動物，爲什麼動物學家能夠看出牠們與衆不同的地方呢？這個想不通的迷惑，觀察黑猩猩三十年的珍．古德（Jane Goodall）給了我答案。

觀察要有點耐心

從小珍．古德就對動物的各種行爲深深著迷。五歲的時候，她爲了弄清楚：「到底在母雞身上的什麼地方有那麼大的口，能夠把蛋生出來呢？」她決定跟著母雞到窩裡去探個究竟。沒想到，當她跟著母雞後面擠進雞窩，母雞卻尖叫著衝了出來。可見，觀察若太過明目張膽，就會嚇到對方，從此不敢跟你接觸。

有了這次經驗，珍．古德學聰明了。她比母雞先進雞窩，然後躲在稻草堆裡，等著母雞隨時進來下蛋。不知在草堆裡蹲了多久，才有隻母雞走進來蹲在稻草堆上。爲了避免驚嚇到母雞，她連動都不敢動一下。

剛開始，母雞一動也不動，慢慢地，牠從草堆裡抬起身體，微微向前傾，就在這個時候，珍．古德看見一個渾圓的白色東西漸漸地從母雞兩腿之間的羽毛中露出，並且變得越來越大。突然，母雞輕輕擺動一下身體，啪一聲，一個東西掉在草堆上。

「啊！我看見雞蛋是怎麼出來了！」這是珍．古德在《與牠為伴：非洲叢林三十年》一書中，回憶她生平第一次認眞地觀察動物行為的經過。而她得到最大的啟示便是：「如果你想觀察動物的行為，必須有耐心。」

長大之後，珍．古德即是憑著這股耐心，深入非洲岡貝，日復一日地觀察黑猩猩的一舉一動；日以繼夜、不厭其煩地記錄觀察筆記，才能將黑猩猩「瑣碎的日常生活拼湊起來，懂得牠們的吃食習慣和徒步遊走的路線，同時了解牠們獨特的社會結構。」

閱讀珍．古德所寫的《大地的窗口》，從一個又一個描寫生動的故事中，不僅看到了黑猩猩的生活情形，更看到了黑猩猩的親子關係，黑猩猩的權力鬥爭，黑猩猩的兩性相處，黑猩猩的喜怒哀樂。內心深受感動之餘，也順手寫下自己的讀後心得：豐富的人生體驗來自觀察，而觀察則需要持之以恆的耐心。

觀察要投入感情

觀察別人的時候，倘若你沒有投入感情，就很容易讓對方覺得你不懷好意，或是別有用心。

幾乎所有的動物學家對他們的觀察對象用情都是既深且專。像台灣的蝴蝶專家陳維壽畢生徜徉在蝴蝶天地裡，他認為：「賞蝶的最高境界是透過賞蝶，察覺蝴蝶的情感，進而融入蝴蝶的生活裏。」

其實，非但賞蝶如此，觀察人更需如此。否則，你很可能從「觀察者」變成「偷窺者」。拿蝴蝶跟人類相較，我想，要察覺人類的情感似乎比較簡單；而要察覺蝴蝶的情感應該比較困難，因此，當我得知陳維壽「洞察蝴蝶情感」的祕訣時，簡直如獲至寶。

一輩子與蝴蝶為伍，陳維壽發現，蝴蝶的一舉一動，都有牠的行為目標及感情，想要了解牠，必須熟知蝴蝶的生態，以及牠們在生活上的基本行為模式。有了這些認知後，在野外稍微用心觀察，就會逐漸了解牠正在做什麼？階段性行為的目標是什麼？並且可以察覺到，牠們喜悅、快樂、飢餓或恐懼等情感的變化。

觀察人何嘗不是這樣呢？用情用心，比什麼都重要。

觀察要保持冷靜

有幾種人很難成為生活觀察家：一種是容易激動的人；一種是過度自戀的人；一種是話講太多的人；一種是熱心過頭的人。這四種人的共同特徵都是「不夠冷靜」。

明朝《菜根譚》的作者洪自誠，曾經講過兩句與觀察有關的經典名言：「需冷眼觀物，勿輕動剛腸。」以及「冷靜觀人，理智處世。」

不管是觀人或觀物，都要頭腦冷靜，情緒平靜，嘴巴安靜。若不想辦法讓自己靜下來，你什麼東西都看不見。

觀察要聽別人說話

除了嘴巴要安靜外，還要記得用耳朵聽話。很多人以爲觀察只要用眼睛看就好了，根據我的經驗，光用眼睛往往只能看到一個人的表面，要深入內心，需要聽他說話，從對方的說話內容中，才能進一步了解他的個性、想法、喜好，以及價值觀。當然，和別人聊天的時候，不可能從頭到尾不發一言，也要適時給別人機會了解你，雙方有來有往，互相認識，這樣的觀察才有意義。

我非常欣賞美國文學家愛默生說過的一句話：「對話是思想和性格的宣洩。」朋友之間彼此宣洩，感情自然會更加緊密。

觀察要印證行為

學生時代讀論語，老抱怨孔子「怎麼如此囉嗦」，害我們背書背得半死。可是，出社會之後重讀論語，卻打心底佩服這位至聖先師的智慧。

然而即使是孔子這麼英明的人，看人依然會有看走眼的時候。孔子曾因學生宰予白天睡大頭覺，而氣得大罵他：「朽木不可雕也；糞土之牆不可圬也。」這句罵人的經典名言，相信大家都聽過。

罵完之後，孔子甚至氣得連看人的標準都改變了，他接著說：「始吾於人也，聽其言而信其行；今吾於人也，聽其言而觀其行。」這句話也成了華人觀察人性的最高指導原則。

所以，如果看人不想看走眼，那聽完對方的話後，別忘了，要印證他的行爲。

孔子另一個洞察人心的方法是：「視其所以，觀其所由，察其所安。」

想要看清一個人的眞實面目時，不妨仔細觀察下面這三個重點：一是他做事的原則；二是他達到目的手段；三是他努力追求的東西；相信會有意想不到的新發現。

如果仍舊看不透徹，孔子建議，注意對方經常犯錯的類型，也大略可以知道他屬於哪一種人：「人之過也，各於其黨，觀過，斯知仁矣。」因爲犯錯正是一個人的弱點所在，從他的弱點下手，輕而易舉就能切入內心，看清他的眞面目。

不過，沒有人是只有一個樣子的，大多數人都有很多面貌，只是有些看得見，有些看不見罷了。是以觀察人的時候，千萬、千萬、千萬不要急著下結論，不妨從日常生活中的各個角度、各個場合多方搜尋線索，再由點到面，慢慢描繪出對方的個性輪廓。

「習慣」自然形成「面相」

從心理學的角度來看面相，是依據對方習慣性的面部表情、肢體語言、行爲反應、心理定位，來推測對方是「什麼個性」的人。舉例來說，面無表情，眼光下斜，反應冷漠的人，個性多半比較單調無趣，對工作較容易產生「無奈感」，也比較感受不到對生命的熱情。

多年前，曾經面談過兩個剛出校門，手牽手一起來應徵編輯工作的同學。他們兩個學歷相當，相貌清秀，唯一不同的地方是，一個看起來「任勞任怨」，一個看起來「弱不禁風」。

記得當時我還特別詢問他們：「工作機會只有一個，萬一你們其中有一個人沒被錄取，會不會影響彼此的感情？」兩個人都堅定地表示，「絕對不會。」

結果可想而知，最後我還是選擇了那個看起來「任勞任怨」的同學，畢竟編輯工作是非常辛苦的，常常需要東奔西跑、加班熬夜。

肢體語言透露內心偏好

除了外表身形的印象外，另一個「習慣」自然形成的「面相」是肢體語言。

當一個人對某樣東西或人物沒有興趣的時候，整個身體都會採取「防衛姿態」：

*身體和眼神都會自動離討厭的東西遠遠的。
*雙手會交叉抱著，雙腿會交叉翹起，以便隔離外物。
*語氣也極度冷淡，彷彿在下驅逐令，「我對這樣東西沒興趣，不要再浪費我的時間。」

倘若習慣性對人採取「防衛姿態」，自然就會影響人際關係，讓別人不敢靠近他。

反過來說，當我們對某樣東西或人物有興趣時，身體會靠那樣東西比較近，通常會移動身體，或是坐到椅子的前端，或是站得離對方更近一點；同時講話的聲調也會跟著提高，變得比較興奮。如果習慣對別人表達友善、親和的訊息，自然別人也比較敢於靠近，有助於建立人際關係。

眼神飄忽，看起來「心神不寧，難以託付重任」

有次和一個閱人無數、接觸對象遍及三教九流的老闆，交換「面談員工的經驗」。我問他：「選擇員工的標準是什麼？」

這個老闆的回答很有意思。「我用人沒有一定的標準，不過有兩種人是不錄用的。一種是『不敢看主考官的人』，一種是『眼神飄來飄去的人』。」

根據他多年的帶人經驗，通常「不敢看主考官」的人，個性多半比較退縮，遇到壓力時通常會放棄逃走，爲了避免將來傷腦筋，他乾脆先過濾掉有這種個性可能的人。

至於「眼神飄來飄去」的人，可能是心神不寧，腦袋裡不知道在想些什麼？也可能他有事情隱瞞你，正在思考要怎麼回答你？但不管是哪種情況，都很難讓人放心信賴他，自然不敢委以重任。

對身爲老闆的朋友來說，過去的經驗告訴他，有這兩種眼神的人遇到壓力時逃走的可能性很高，所以沒有選擇他們成爲工作夥伴。但對我而言，他們可能只是害羞退縮，當他們慢慢有自信之後，或許眼神就會變得堅定而不飄移。

看過各式各樣的眼神，我的心得是，要特別留意充滿敵意與憤怒的眼神，這是攻擊的前奏曲，不僅需要注意對方的下一個動作，更要避免再激怒他們。

皺紋是習慣性的表情與動作

承受壓力時常常會揉搓額頭，不小心就揉出許多紋路；憂心的時候不自覺會皺眉，自然產生一道有力的皺眉紋；緊張的時候會緊抿雙唇，久而久之形成木偶紋；常常用力瞇著眼睛看東西，也會在眼睛周圍擠出幾道深深的皺紋；戴隱形眼鏡需要常常撐開眼皮，眼皮的皺紋也會特別多；喜歡笑的人，自然會形成愛笑紋路。

從自己跟別人的皺紋裡，也可以讀出許多性格特質，我們的面部表情、肢體語言，都是別人看得到而自己看不到的，很容易因此造成誤會，像不少太太會反應先生看起來很兇狠，讓她感到非常害怕，但先生卻覺得自己完全沒有兇狠的意思，當我看到先生的表情後立刻明白太太何以會感到害怕，先生的表情眞的很扭曲，讓人產生畏懼感。因此，如果別人常常反應說：「你看起來不開心」不妨觀察一下自己看不到的表情，是不是會令人望而生懼，如果會的話，可以練習讓臉部表情放柔和一點。

測驗：你的觀察力敏銳嗎？

TEST

很多人都想了解：「如何避免看錯人？」、「怎麼避免遇人不淑？」回答之前，我都會問對方一個問題：「依據你的觀察，對方有哪些特質？」

絕大多數人會回答我：「我很小心觀察，他婚前不是這個樣子，婚後卻變了一個樣子。」

這就是「洞察人心」奧妙的地方，很少人是只有一個面向，我們每個人在不同的狀況下和壓力下，多少會呈現不同的樣貌特質。

諮商的過程中經常被當事人追問：「我跟他結婚會不會幸福？」「他會改變嗎？」說真的，我無法立刻給出正確的答案，但可以陪伴當事人收集各種不同的線索，從對方的語言、行為、反應、習慣，同理對方的心理狀態，理解對方的思考邏輯，一步一步建構出對方的人格特質，讓當事人自己做出智慧的抉擇。

有個外國朋友到台灣旅行，臨走前我問他：「對台灣有沒有什麼特別的印象？」

他想了一下說：「我覺得台灣女生好像沒有什麼方向感。」

這個答案既令我意外，又讓我有點不服氣，我又問他：「何以會下這個結論？」

他笑著跟我說：「因為你們的觀察力不太好，很少人會記得周圍環境長什麼樣子。」一開始很想為台灣女生講幾句話，可是後來想想，他的觀察力的確很敏銳，能夠看到無形的東西。

觀察力不夠敏銳，除了會對景物視而不見外，有時候還會造成無法彌補的遺憾。通常，會對陌生的人物或東西一見鍾情的人，不是觀察力特別敏銳，就是觀察力特別遲鈍。

舉例來說，很多人在買房子的時候，往往是在付了訂金之後才突然發現：「唉呀！我上次看房子時，怎麼沒有注意到樑上有裂痕？」

甚至有人不相信自己的眼睛會對「那麼大的東西」視而不見：「天啊！這些墳墓是從哪裡搬過來的？以前一個也沒有，現在怎麼全冒出來了？」

此外，不少夫妻或情侶在吵架時亦常痛罵自己：「我真恨當初自己瞎了眼，怎麼會跟你這種人在一起？」

甚至會認為對方「騙婚」，欺騙自己的感情，婚前看他認真工作，也很孝順父母，怎麼婚後變成好吃懶做的懶惰蟲。

其實，這也沒有什麼好大驚小怪的，當我們的注意力只專注在某個點上時，譬如說，窗外優美的風景，或是布置精美的樣品家具，或是對方英俊的外貌、玲瓏的身材，就可能會對其他的部分「視而不見」；只是，有些人是真的看不見，有些人是假裝看不見罷了。

※測驗開始：

倘若想知道自己的觀察力敏不敏銳？不妨提起筆來做做下面這個測驗，相信可以多點自我覺察。下面有十個問題，如果「能夠做到問題中所敘述的事情」就打上「○」，如果做不到就打上「×」，請根據真實感覺作答。

（　）1. 當周遭朋友穿了一件新衣服，或戴了一個新飾品，或換了一雙新鞋子，你能夠一眼就看出來嗎？

（　）2. 到朋友家作客之後，你能夠憑印象描述對方家裏的色彩、布置和擺飾嗎？

（　）3. 和朋友相約吃飯時，你能夠看出他的飲食習慣？喜歡吃的東西？以及對服務人員的態度嗎？

（　）4. 與朋友聊天的時候，你能夠從他說話的內容中聽出他的個性喜好、人生哲學，還有對朋友的看法嗎？

（　）5. 當你走進一個陌生的環境，你能夠很快地掌握這個地方的氣氛嗎？譬如：「這個地方有點危險」；或是「這裡的人都很友善」；或者「這裡充滿不安的感覺」。

（　）6. 你能夠記住周遭親朋好友的特殊收藏？熱愛的運動？喜歡的音樂？或者熱衷的娛樂嗎？

（　）7. 當你很喜歡一個人或者很討厭一個人的時候，你能夠明確而具體地說出原因嗎？

（　）8. 若你家裡有栽培植物，你能夠很快發現哪棵樹發了新芽？哪棵植物的葉子枯了？哪棵植物慘遭蟲害嗎？

（　）9. 和一個人交往的時候，你能夠看出對方的變化嗎？包括：情緒的變化、成長的變化、人前人後的變化？

（　）10. 你能夠從對方交往的朋友中，認清他是一個怎麼樣的人嗎？

※結果分析：

如果答案中有五題以上是「○」，那就表示觀察力滿敏銳的。「○」越多代表觀察力越敏銳；相反的，如果答案中有五題以上是「×」的話，那就表示觀察力尚待加強。

不過，即使測驗結果顯示你的觀察力不夠敏銳，也不必太沮喪，因為觀察力是可以訓練的，只要從現在開始用心去看、用心去聽，就會驚喜地發現，很多以前看不到的東西都突然冒了出來。

第一章

從生活習慣洞察人心

insight into people's psychology from habits

從基本的生活習慣，可以深入觀察互動對象的個性特質，譬如說：個性是內向或外向？也可以看出對方的「社會生活適應能力」如何？還可以評估對方的「情緒穩定程度」，以及「心理健康狀況」。

舉例來說，從一個人的開車習慣可以反應出「情緒穩定程度」；到KTV也能觀察對方的個性是「內向還是外向」；從飲食習慣和潔癖習慣則能了解「生活適應能力」；此外從生活習慣中更能覺察對方的「心理健康狀況」。下面特別設計出洞察人心的方向，有助於在閱讀每個篇章時，同時記錄、對照觀察心得。

1. 情緒穩定性：會不會常常有悲觀的想法，情緒悶悶不樂，總是感到不安、憂愁？

觀察心得：

2. 感情穩定性：會不會感情很容易生變，心情常常起伏不定，總是感情用事？

觀察心得：

3.自卑感強弱：會不會缺乏自信，低估自己，很容易受別人影響？

觀察心得：

4.神經質高低：會不會很容易受到外在刺激，或情緒易怒，或過於煩惱，或過度敏感？

觀察心得：

5.攻擊性強弱：會不會對人常有敵對心理，做決定的時候一意孤行，不聽別人的勸告，反抗性很強？

觀察心得：

6.虛偽程度強弱：會不會與人相處時不誠實、不坦白，表現不實在？

觀察心得：

7. 活動性高低：是否動作敏捷，工作迅速，愛好活動？

觀察心得：

8. 客觀性還是主觀性：是否對人沒有成見，能和別人商量，接受他人的建議？

觀察心得：

9. 協調性高低：是否能和別人合作，能夠包容別人，不會對別人過度挑剔？

觀察心得：

10. 領導性高低：是否會想要指揮別人，願意擔任領導者或發起人的角色？

觀察心得：

11. 社會外向程度：是否善於交際，社會接觸廣泛，愛和別人聊天閒談？

觀察心得：

12. 思考外向程度：是否思考不周全，常常粗心大意，做決定時很草率？

觀察心得：

13. 安適程度：是否無憂無慮，能夠隨遇而安，保持心情愉快？

觀察心得：

可以隨時記錄自己的觀察心得，同時印證書中各篇章的分析解說，相信能夠對自己跟別人都有更深入的了解，幫助自己做出適合的決定，找到輕鬆的應對之道。

從車品透視人品

從多年搭人便車與自己開車的經驗中，我發現了一個非常有意思的現象，那就是，不管是什麼牌子的車子，都像一部X光機一樣，會把那個坐在駕駛座上、手握方向盤的人的眞實面目照得一清二楚。不過，由於照出來的本性，與原來所認識的那個人的樣子相差太多，往往需要再認識一次這個朋友。

相信很多人都有過類似的奇妙經驗，譬如，搭某個同事的便車時，突然發現，平常看他做事慢條斯理，甚至有點拖拖拉拉的，但開起車來卻橫衝直撞，讓人嚇出一身冷汗；也有的人剛好相反，平常做事勇往直前，開起車來卻四平八穩。

在自己還不會開車以前，我很好奇：爲什麼一個人「開車前」與「開車後」會有這麼大的差別？究竟是哪雙看不見的手，在暗中爲他們的個性做整形手術呢？

等到自己也成爲駕駛者後才知道，原來人在開車的時候經常是處於「無意識狀態」，所有的動作都是被制約的反應，難怪會不自覺地流露出不爲人知的本性來。

此外，人與人相處時需要應酬客套、做做表面功夫，以免得罪他人；可是，人與物相處時哪還需要如此客氣，反正機器是死的也不會有感覺。於是，各式各樣的小動作、小尾巴便統統露出來了。

經由開車去印證一個人的個性，過程往往充滿了驚喜與意外，有時甚至還會解開讓你百思不得其解的謎底。到底開車時會出現哪些小動作？和個性之間又有什麼關聯？下次有機會搭朋友的便車時，不妨做個細心的觀察家，把他的各種言行舉止記在腦海中，相信會更進一步認識對方的人格特質。

充滿侵略性的「路怒族」

在很多手機影片及電視新聞上，常常會看到暴躁易怒的駕駛人，只因被別人按個喇叭提醒，或是別人超車讓他不爽，就衝動到攔車爆打、砸車洩憤。有人稱這群人為「路怒族」，開車不愉快就會轉成侵略性的駕車行為（Aggressive driving）。

開車時何以特別容易引發「路怒族」的情緒？

有些「路怒族」是把車子當成自己的私有領土，一旦感覺私領域被侵犯，就會立刻採取激烈的防衛措施。

也有些「路怒族」會把別人「超車」跟「按喇叭」的行為解讀成挑釁、敵意的意思，於是二話不說，立刻不分青紅皂白下車報復對方。

還有些「路怒族」是因日常生活中累積大量不滿的情緒，以至於看什麼事情都不順眼，任何小事都會讓他們大暴走。

另外，氣溫高低也跟情緒息息相關。研究發現，炎熱夏天暴力犯罪的比率也有上升的趨勢，特別是濕熱難耐的時候，很容易引發開車衝突。

還有若開車駕駛剛好處於「雙相情緒及其相關障礙症」（躁鬱症）的狂躁期，也很容易生氣失控，變成不可理喻的「路怒族」。

邊開車邊罵的人

有些人平常表現得彬彬有禮，可是一踩油門便會出口成髒，三字經一句接一句，等紅燈要罵人、塞車要罵人、找不到停車位要罵人、有人擋住他的去路也要罵人。開車時會口出惡言是很常見的狀況，當駕駛者感到緊張、焦慮、不爽的時候，就會破口大罵。

曾經看過一篇研究指出，「噪音」也是導致暴力侵略行爲的原因之一，當人們開車時倘若無法掌控聲音的大小和長短，也可能會馬上大聲咒罵對方。

邊開車邊演說的人

邊開車邊演說的人也很常見，不管原本從事什麼工作，只要一上了車，就立刻搖身一變成爲聲音宏亮的政治演說家，特別是碰到交通混亂的塞車時刻，他更是口若懸河地講個沒完沒了，從交通問題一路批評到國家大事。政府官員在他眼中都是笨蛋，學者專家均是蠢才，沒有人比他更具有智慧了。

如果這種類型的人思想又較爲偏激的話，那他們在現實生活中便很容易遭遇挫折。惡性循環的結果，往往會讓他們看什麼都不順眼、做什麼都不如意，總是覺得自己懷才不遇，全世界的人都對不起他。

性別歧視的人

抱持性別歧視的人，在他們眼中，女人多半不如男人，所以，只要一看到開車速度比較慢、倒車入庫不甚靈光的車子時，便會立刻以非常輕視的口吻強調：「這一定是女人開的車。」如果事實證明開車者的確是女性時，他更會得意洋洋地笑說：「你們女人根本就不會開車，還要出來跟男人爭道。」

對有性別歧視的人來說，女性最好乖乖待在家裡，才是最好的歸屬。

緊急煞車、橫衝直撞的人

喜歡緊急煞車的人往往情緒也較爲焦躁，性格常會處於不安定的狀況，因此開起車來會毫無預警地來個緊急煞車，讓全車的人越坐越緊張。

橫衝直撞的人和緊急煞車的人頗爲相似，大多是個性急躁且缺乏耐性的人。他們會爲了求快而採取非常的手段，譬如，開車時會抄捷徑或不斷地變換車道，結果反倒欲速而不達，這時他的火氣會直衝腦門，動不動就遷怒他人。

追求速度的人

喜歡追求速度來紓壓的人，通常都有自我壓抑的傾向，會刻意隱藏自己的本性及喜好。所以，當他碰到不喜歡的事物時，常會勉強自己假裝喜歡；或是明明很討厭某個人，但表面上依然笑臉迎人；或是心裡不想做的事，卻不懂得如何拒絕。而當他實在受不了外在人情世故的壓力時，往往會以出走、失蹤、飆車等冒險行爲，來平衡內外失調、表裡不一的情緒感受。

烏龜慢跑的人

開車像烏龜一樣慢的人，可能是年紀大了反應變慢，也可能是個性較爲溫吞的慢郎中，他們無論爲人或處事都比較小心謹愼，非常重視安全，寧可慢一點也不要發生意外。

愛車如命的人

對愛車如命的人來說，車子比任何人都重要，他們會心甘情願地爲車子做牛做馬，從洗車到打蠟皆樂此不疲，萬一愛車不小心有個損傷或擦撞，他們更是心痛如絞。爲了避免愛車發生任何危險，他們不僅開車時小心謹愼，更會訂定嚴格的乘車規範，譬如不能在車上吃東西。

無論你和愛車如命的人關係有多麼密切，交情有多深厚，都盡可能不要違反他的規定，否則將會發現一個令人失望的事實，自己在他心目中的位子遠遠不如車子重要。

面子比什麼都重要的人

愛面子的人最主要的特徵是，自尊心高好勝心強，討厭不如別人的感覺，也因此，他們多半聽不進別人給他的建議。

從對車子的了解到對路線的選擇，他都覺得「我的判斷才是對的」，即使在走錯路或面臨進退維谷的情況，他依然堅持自己的看法是對的。因爲在愛面子者的字典裡是沒有「我錯了」這三個字的。

自言自語的人

或許是經常一個人開車上路，身旁缺乏一個講話聊天的伴，久而久之，他們便養成自言自語的習慣。而當他們一旦習慣成自然後，以後即使有人坐在他的身邊，他也會旁若無人地喃喃自語起來。

有自言自語習慣的人通常朋友都不會太多，沒事時他們喜歡做做白日夢，讓思緒漫無目的地四處遊走。所以，音樂對他們來說，就如同陽光、空氣和水般的重要，他們不但一上車便立刻扭開音樂，還要邊聽邊唱，流露出一副沉醉不已的模樣。

至於聽音樂的動機，有些人是爲了提神，以免長途開車會睡著；也有些人則是趁機練歌，希望有朝一日能有演出的機會，通常他們亦有某種程度的自戀傾向，很容易沉醉在自己的世界裡。

從不開發新路線的人

從不開發新路線的人，只敢開曾經走過的路線，不只個性較爲謹愼保守，也較爲膽小害怕，只要是從沒去過的地方，他都會卻步，即使有人自告奮勇要帶路，他也會想辦法拒絕對方的好意。在現實生活中，從不開發新路線的人既不敢嘗試新奇事物，連做個決定都猶豫不決，最好世界靜止不變，這樣他才會有安全感。

沒有方向感的人

除了沒有方向感以外，這類型的人對環境訊息比較不敏感。不過，他們可能不擅長記地名，可是，對歷史事件的來龍去脈卻一清二楚，對於日常生活中的一些歷史性時刻也會記憶深刻；譬如你倆的訂情紀念日或是情人的生日等等，他都不會忘記。

注重風度的人

注重風度的人隨時隨地都不忘展現他的紳士風度，或是爲身旁的女性開車門、拉椅子；或是出電梯時讓女士優先出去。倘若遇到緊急煞車等突發狀況時，他們更會以自己的手臂充當臨時的安全氣囊，努力保護身邊乘客的安全。

畫路線圖的人

每次在出門辦事前，畫路線圖的人會先依照地點的遠近和方向來規畫開車路線圖，然後按圖行事，不會想到什麼做什麼，徒然浪費時間在往返奔波上。

一般而言，行前喜歡畫路線圖的人都有「時間就是金錢」的觀念，同時也會爲自己的生涯訂定近程、中程、遠程的目標，具有不錯的組織力，思考方面也頗爲縝密周到。

不守規則的人

開車不遵守規則的人通常不把交通規則看在眼裡，無論是違規停車或是闖紅燈、黃燈、超速、超車，他都覺得理所當然。

除了開車不守規則外，他們在做其他的事情時，也可能會鑽法律的漏洞或是走後門，舉例來說，從事投資事業時傾向操作短線，不太有耐心做一分耕耘一分收穫的事情。

奉公守法的人

奉公守法的人行事作風和不守規則型的人完全相反，他們不但遵守所有的交通規則，做起事來更是認眞實在，絕對不會動歪腦筋或走後門。

雖然和奉公守法的人相處既有安全感也很有保障，不過，由於他們的言行舉止一點也不踰矩，所以相對的也比較不會營造生活情趣，既不會甜言蜜語也不懂得羅曼蒂克，需要靠自己製造浪漫情調。

從停車習慣觀察人格特質

從停車習慣可以觀察一個人的價値觀，會注重什麼以及會忽略什麼事情。譬如說，捨不得花錢停車的人，往往會因小失大，他們的注意力只放在省小錢，卻忽略造成別人的不便，或是導致交通堵塞，甚至把車子停在紅線上面，結果收到罰單反而損失更大。

也有人很在乎停車費多少，不管多趕時間或要走多遠的路，都堅持要找到最便宜的停車場，無形中忽略了時間成本，以及同行者的感受。像我就聽朋友抱怨過約她出去玩的追求者，為了省點錢讓她穿高跟鞋走山路，一趟原本愉快的旅程卻因為朋友走路腳痛，再也不願意跟對方出去約會。

從開車到停車，可以觀察的訊息實在太多了，不僅從「價值觀」到「獨特性」都能一窺究竟，還能進入對方的潛意識，看到隱藏性的自動化反應，可說是最豐富的觀察旅程。

到ＫＴＶ觀察做事態度

曾經擔任多年的企業顧問工作，穿梭於數家公司之間，我觀察到一個很有趣的現象，那就是不少公司同仁在熬過一段水深火熱的日子之後，譬如說：剛被促銷活動消耗掉大量腦力，或是被提案報告累得兩眼血絲，或是才剛完成一件嘔心瀝血的巨大任務，即會有人主動出來吆喝一票患難與共的同事一起去唱ＫＴＶ，一方面放鬆緊繃的神經，另一方面清掃屯積已久的廢氣。

而平日有問必答的顧問，這個時候便成了最佳的陪唱人選。不過，雖然我很樂於陪唱，偏偏我唱歌的聲音卻是五音不全，以前每次跟別人說：「我歌唱得很難聽」時，大家都以為我是「太過謙虛」；後來我也懶得解釋了，反正只要一開口，大家便會立刻求饒：「老天爺啊，妳的歌聲眞的很難聽。」甚至還有個朋友苦著一張臉對我說：「求求妳別再唱了，好像魔音穿腦。」

沒關係，到KTV唱不成歌，卻讓我有機會欣賞每個人的唱歌姿態，久而久之發現，一個人唱歌時的表現跟他的做事態度有著某種程度的關聯性。

想知道兩者之間有什麼特殊關係嗎？下次到KTV唱歌時除了唱歌，還能靜靜觀察別人的唱歌習慣，提醒你，可別看得太用力，以免讓別人覺得渾身不自在，回來之後再對照我的觀察分析，相信會有意想不到的收穫。

去KTV應酬的人

不少政治人物上KTV的目的不在唱歌，而在應酬，爲了能快速地與別人打成一片，他們通常會在家裡練幾首主打歌，這樣不管在什麼場合都能以歌會友，很快融入不同的族群、階層中。

像我有個從政的朋友不僅歌喉屬於職業級，更令人佩服的是，他什麼語言的歌都會唱，從國語歌、台語歌、英語歌、日語歌到廣東歌皆能朗朗上口。有一次我們一票朋友爲了測試他的唱歌實力，便要他接受現場點歌，沒想到點什麼歌均難不倒他，實在太厲害了。

可想而知，光是爲了應酬就能下這麼多苦功的人，做起事來，絕對是不達目的絕不罷休的工作狂。爲了實現理想抱負，他們非但自己赴湯蹈火在所不惜，而且也懂得如何運用別人的力量幫自己達成理想，可說是天生的領導人才。

從不練唱的人

有一種人上KTV唱歌是抱著隨便唱唱的心態，別人要他唱他就唱，可是卻從來不練唱，即使唱得結結巴巴、節拍大亂他也不在乎。好玩的是，從不練唱的人幾乎做什麼事情都不太會自我要求，唱歌時他抱著歌有唱就好的心態，管他唱得好不好；上班時則抱著事情有做就好的心態，管他做得好不好。

做什麼事都不要求的人，在交朋友的時候自然也不會太過認眞，除非別人主動跟他們連絡，否則他們就像斷了線的風箏般，輕飄飄地不知道飛到哪裡去了。

注重形象的人

有些人平日非常注重形象，然而，一旦碰到有表現的機會，就會不由自主地露出內在悶騷解放的一面。

有個朋友便是屬於悶騷解放型的人，每次剛開始唱歌的時候，他都會先找一大堆藉口說自己不會唱歌，譬如：「誰的歌唱得比我好多了，應該先請他獻聲才對。」

結果推來推去，好不容易說動他拿起麥克風，這下可不得了，他可以把周杰倫的歌從第一首唱到最後一首，嘴裡還不斷強調：「我今天喉嚨不舒服唱得不好。」言下之意是，如果他沒有身體微恙，表現會更加優異。

工作的時候也一樣，每次上司交付他一件新的任務，他都會先謙讓一番：「我何德何能可以擔任這麼重要的工作，某某某的能力比我強多了，他應該比我更適合這個任務。」

等到上司費盡唇舌證明他確實是負責這個任務的最佳人選，而他自己也決定好好表現一番時，那他便會把自己苦練多年的十八般武藝一樣一樣秀出來，而且邊秀還會邊說：「小弟在下不才我，做得不好請大家多多包涵。」

這種悶騷型的表現方式，可害苦了其他能力不及他的同事，試問：擁有十八般武藝的人都謙虛成這樣，那其他人該如何自處，無形中讓同仁陷入「表現焦慮」而不自知。

只唱某一類型歌的人

我認識一個朋友每次到KTV都只唱某種類型的歌，而且唱的時候全神投入，彷彿旁若無人，那種專注的模樣，眞的讓人感動得想立刻頒一座最佳演唱獎給他。

通常，只唱自己喜歡的歌的人，工作時亦傾向做自己感興趣的事情。雖然唱歌時他們可以百分之百掌握主控權，愛唱誰的歌就唱誰的歌；不過，工作的時候可沒這麼自主，任他再堅持，依然得向現實妥協。

專挑高難度歌唱的人

即使只是到KTV唱歌娛樂一下，也不是參加什麼唱歌比賽，他們也堅持要挑高難度或高水準的歌唱不可。

有一陣子有個很愛唱歌的朋友常常邀我去PIANO BAR聽他唱歌，這個朋友不僅專挑高難度的歌唱，而且對唱歌的地點亦很挑剔。他覺得歌要唱得盡興，感覺要對才行，所以，他最痛恨在有人聊天、吃東西的KTV獻唱，那對他來說簡直是自找苦吃。

除此之外，這個朋友也很注意自己的台風，每次唱歌，他從咬字發音、臉部表情到肢體動作都配合得完美無缺，每每一曲唱罷，台下立刻響起如雷的掌聲。

專挑高難度歌唱的人，在做事的時候往往也喜歡挑困難度比較高的工作，他們討厭做沒有表現空間的例行性公事。就像唱歌時，他們喜歡強調自己的品味出衆一樣，工作時他們也喜歡凸顯自己的能力，希望每完成一件工作都能獲得如雷的讚美聲，否則的話，他們就會覺得工作缺乏成就感，會越做越沒力氣。

選空檔唱歌的人

一大票人到KTV唱歌，有的人會緊握著麥克風不放，一曲接一曲，非唱到喉痛聲啞才肯放下麥克風；也有的人從不跟別人搶麥克風，只選在別人不唱的空檔唱首自己喜歡的歌，自得其樂一下。

通常會選在別人不唱的空檔唱歌的人，多半不擅於表現自己，唱歌的時候默默旁聽，工作的時候默默耕耘。這種型的人習慣不爭不搶，但因個性太過被動，萬一碰到大家興致高昂，完全沒有讓他表現的空檔，那他就只好從頭坐到底了。

覺得自己唱得最棒的人

有次應朋友之邀，擔任他們公司舉辦的KTV大賽的評審。原本我只是因為好玩而答應評分，不料到了現場，卻發現每個參賽者都全副武裝，每個人的臉上皆露出「我唱得最好」的表情。

其中有個自認長得很像某明星的帥哥，更在比賽前跑來跟我說：「等下好好看我表現！」我想，這麼有自信，大概有職業水準，沒想到他的歌聲只比我唱得好一點點。

比賽結束之後，這位帥哥的同事告訴我，不管做什麼事情他都認為「別人做得沒他好」，只有他最厲害，若事實如此那也就罷了，偏偏事與願違，這個自負的帥哥還好爲人師，喜歡指導別人做這做那的，大家都很想知道，碰到這種自戀的人，要怎麼相處才不會被他搶光鋒頭。

義務幫別人點歌的人

幾乎每次到ＫＴＶ都會碰到一個義務幫別人點歌的人，他們會不厭其煩地頻頻問每個人：「你要唱什麼歌？」然後自動輸入電腦，一個人從頭到尾忙得不亦樂乎。

一般而言，這種點歌服務型的人，做起事來也多半會面面俱到，希望能在自己的職責範圍內照顧到每個人。有些時候，他們甚至會爲了顧全大局，不願破壞團隊的氣氛而犧牲自己的利益。

或許有人會覺得，到ＫＴＶ唱歌不過是爲了娛樂，何必看得那麼嚴重，可是，如果連玩樂都提不起勁來，那就不知道做什麼事情會充滿活力。

從運動習慣透視人際關係及自我管理

進入心理諮商的領域越久，就越覺得運動表現與大腦功能息息相關，從一個人運動的過程中，可以觀察他紓解壓力的方法是什麼？重不重視自我表現？自我管理的能力強不強？以及對目標的持續力長不長，可不可以堅持到底？

喜歡相同運動的人，往往也擁有相似的人格特質，譬如說，喜歡與人互動的人，多半會選擇籃球、棒球、排球這類的團體運動，運動的同時也可以滿足社交的心理需求。

選擇精準性運動的人，像是高爾夫球、羽毛球、網球、撞球、射擊等運動，通常個性傾向頭腦冷靜、思路敏捷、反應快速，瞬間判斷力準確的特質。相反的，如果個性猶豫不決就很容易錯失良機；倘若個性衝動，則很容易因爲情緒起伏而影響表現。

喜歡戶外運動的人，則會選擇跑步、騎腳踏車等開放型的運動，可以邊跑、邊騎邊欣賞風景。這類運動也需要高度的耐力才能跑到目的地，過程中需要自我激勵才能達成目標，自我約束力高才不會中途放棄。

此外，愛騎車跟跑步的人還有一個共通性，他們喜歡獨立自主，想跑步的時候一個人就可以出去跑、想騎車自己就可以去騎，不需要依賴別人，所以，他們個性較傾向安靜而努力，自己默默跑步、靜靜騎車，凡事靠自己解決問題，對環境風險的忍受力也比較高。

假如可以根據自己的人格特質來選擇適合運動，無論持久性或達成率也會比較高，形成正向的循環。

由於運動過程中透露的人格訊息實在太多，下面針對個別的運動深入探索。

喜歡打籃球的人格特質

喜歡打籃球的人多半具有強烈的團隊精神，他們熱衷的不只是運動本身，而是參與球隊所得到的樂趣。諮商過程中發現，夫妻因為運動而發生衝突的狀況，最常見的運動就是另一半參加籃球隊，由於要花很多時間定期練球，無形中便會忽略陪伴家人。

如果另一半最愛的運動正是籃球，不妨先做好心理準備：球隊夥伴在他心裡的分量可能會比任何人際關係都重要。也就是說，另一半說的話可以不聽，夥伴們說的話卻必須照辦：「沒辦法，誰叫他是我兄弟」。和球隊夥伴們比較重要性，不但心情低落沒人理，還會被貼上「心胸狹窄」的標籤。

喜歡打籃球的人通常人際關係都很好，他們被訓練得很有合群的觀念，而且工作起來也會奮戰不懈，一次做不成，會加足馬力再做一次。就好像在球場上一樣，第一次球沒投進，會試圖再補進一球，直到得分為止。所以，很多愛打籃球的人轉戰企業界，也都創下輝煌的業績。

迷戀高爾夫球的人格特質

高爾夫球名將湯姆．華生（Tom Watson）都曾經公開表示：「在我眼裡，高爾夫球場沒有綠地，只有沙坑，因爲很難打；還有水池，因爲必須多揮一桿。」

在所有的運動中，喜歡打高爾夫球和保齡球的人都有一個共同的特性，那就是他們特別喜歡跟自己比賽，自我突破的欲望非常強烈，眞正讓他們著迷的不只是揮桿的樂趣，更是戰勝自己的快感。除了這個特性外，打高爾夫球的人在揮桿時，多半會選擇一個最有利的位置；同樣地，工作的時候，他們亦會選擇最有利的情勢，不會貿然行事。

美國作家納塔曾經寫過《總統揮桿》一書，赫然發現美國近期的總統中，高達十四位以上的總統愛打小白球，而且每位總統各有不同的揮桿習慣和癖好。舉例來說，因水門案而黯然下台的尼克森總統，不僅揮桿動作像「在打地毯上的灰塵」，而且很愛耍特權擅改球賽規則。有一次，尼克森跟高球手史尼德一起打球，一個不小心尼克森將球打到灌木叢林裡，原本史尼德以爲尼克森會認輸，拿出新球繼續打，沒想到卻看到一顆球從叢林裡飛出來落在球道上，雖然史尼德心知尼克森是用手把球拋出來，但他假裝沒看到，並沒有當場拆穿尼克森的行爲。

《總統揮桿》中還寫到另一位最愛重新揮桿的總統則是緋聞不斷的柯林頓，據說，柯林頓碰到推桿球時，經常要求球友讓他「免打算進」，或是常常提出發球要發三次的要求，會為自己創造有利情境，無怪乎他能安然度過緋聞危機。

在歷任美國總統中，球打得最好的，要算甘迺迪總統，除了「揮桿動作幾近完美，毫不費力」外，甘迺迪亦很重視形象，為了避免被記者拍到打球的畫面大作文章，球癮犯時只能偷偷跑去打球。

從一個人打球的小動作，可以洞察他遇到阻礙時會採取什麼因應方法讓自己過關，倘若選擇的策略都是違反規則，那跟他合作的時候就要特別小心了。

愛打撞球的人格特質

大體而言，喜歡打撞球的人都屬於智慧型運動員，他們會為了打好球而參考許多書籍、觀摩許多影片。另外，愛打撞球的人都很注意自己打球的姿勢優不優美、技巧純不純熟。

有趣的是，打球在乎姿勢好不好看的人，談戀愛的時候多半也會注意形象，因為他們的臉皮特別薄，深怕被別人看笑話。

愛打棒球的人格特質

喜歡看棒球的人都知道，棒球是投手、捕手與打擊手三個人的舞台。其中又以投手最受人矚目，投手表現的好壞幾乎是整場球賽勝負的關鍵。

從練球的過程最能看出一個人的自我管理屬於嚴謹型？還是鬆懈型？舉例來說，棒球界的超級明星鈴木一朗的練習歷程就非常嚴謹規律。

鈴木一朗在三歲時跟父親說想要打棒球，當時父親花了半個月的薪水買了一副棒球手套給他，還告訴他這不是玩具，而是工具，從此以後，一年三百六十五天，鈴木一朗每天都要去公園練投五十球、打兩百球、守五十球，無論天氣多麼寒冷，鈴木一朗多麼想玩，都不能調整、更不能鬆懈。

在馬林魚總教練馬丁利（Don Mattingly）的眼中，鈴木一朗是個每天都在球場上丟球，不斷求進步，並且從未停止。有些球員會覺得倦怠或是偶爾停下練習，但他從不休息、日復一日的，這都展現了他對於棒球的熱愛。

由於棒球選手的訓練過程複雜而漫長，還有練球要帶的裝備亦沉重而龐大，養成他們大小事情一肩扛的習慣。

愛上健身房的人格特質

從一個人選擇的運動也可以深入了解他的心理動機，是想要紓解壓力，還是自我挑戰，抑是為了健康，或是要控制體重。

選擇上健身房運動的心理動機有很多種，有一種是屬於計畫型，透過長時間循序漸進的練習，慢慢看到健身成果。也有人是想要雕塑身材，持之以恆的練出人魚線、六塊肌，他們多半非常重視身體意象，人生最大的樂事，就是向人展示他們結實的身體線條。

還有人去健身房的目的是爲了結交朋友，運動時順便找機會跟別人聊天，會花很多時間建立關係。

熱愛潛水的人格特質

在所有的休閒運動中，潛水大概是麻煩度頗高的一種，不但要上課學習，還要取得執照，而且要想欣賞到奇妙的海底世界，更要不辭千里遠渡到污染較少的海域，然後背上沉重的氧氣筒，穿上潛水衣，才能投入海洋的懷抱，享受魚游的樂趣。能夠忍受這麼多麻煩仍不打退堂鼓，依然熱愛潛水的人，在個性上都有一點擇善固執，比較不容易接受別人的建議。

熱愛飛行的人格特質

會選擇乘坐滑翔翼在天空飛行的人，多半屬於活力十足的行動派。他們既勇於嘗試新事物，亦敢於接受新挑戰。從外表看起來，他們常給人酷愛冒險的印象，事實上，他們的做事態度滿謹愼的，因爲注重安全才能放心翺翔天際。

喜歡走路的人格特質

走路可說是最不時髦、最不激烈、最不稀奇、外加最不花錢的運動，但是，它卻是有益健康的運動。

由於走路是不起眼的運動，因此喜歡走路的人亦不愛出風頭，更不愛引人注意。如果你身邊正好有位喜歡走路運動的朋友，千萬不要小看他，他的成就可能會出乎你的意料之外。

從一個人喜好的運動中，可以看出其遵不遵守遊戲規則？喜不喜歡追求表現？是否具有團隊精神？好勝心強不強烈？碰到挫折的容忍力高低？既有趣又準確。

◀從慣用右手或左手觀察應對困難的方式

曾經想過，慣用左手或右手對一個人學習、情緒的影響有多大嗎？諮商的過程中，我從很多當事人的回憶中發現，慣用左手的人在成長的歷程中需要面對的挑戰、克服的困難，實在超越我們的想像。

在我們兩歲以前，會輪流使用左手或右手，大約到了四歲，使用右手或左手的習慣會慢慢定型，進入小學之後，使用右手或左手的習慣便很少會再改變。

如果父母師長不瞭解孩子的狀況，即強迫慣用左手的孩子改變成使用右手，有研究發現，這種做法不僅會導致孩子閱讀和情緒困擾，甚至會讓孩子產生口吃的習慣。

另外，由於大部分的公共設施都是爲了使用右手的人所設計，也因此，慣用左手的人生活中會遭遇許多大大小小的不便利，影響所及，慣用左手的人意外受傷的機率也比習慣使用右手的人高出很多，發生閱讀或學習困難的比例也高很多。

諮商的過程中，我觀察到，習慣使用左手的孩子進入幼兒園之後，會慢慢發現自己跟別的小孩不一樣的地方，從拿起蠟筆塗鴉開始，就會知道自己是左撇子，還是右撇子，到了學習寫字的時候，這個差別更會被凸顯出來，因爲大部分老師們的教導與示範，都是以慣用右手的孩子爲主，很少會有老師特別爲慣用左手的孩子設計一套教學法，所以，使用左手的孩子們從小就要靠自己摸索出「與人不同」學習方法，努力寫出跟別人一樣的字體。

有些習慣使用左手的孩子由於不斷面對挫折，情緒上會變得特別暴躁易怒，如果父母不瞭解孩子的辛苦，只看到左撇子的孩子亂發脾氣就處罰他，會讓他們越發焦慮。

通常這個時候，我都會引導父母看見慣用左手孩子的辛苦與努力，父母才會赫然發覺，慣用左手的孩子眞的很不容易，他們需要克服非常多的學習難題，才能寫完作業。

同時我也觀察到，不少慣用左手的人長大之後，對於別人的「糾正」和「建議」會特別敏感，很容易就產生「對方是不是覺得我沒有做好」的感受，進而引發強烈的挫折情緒，這很可能跟成長過程中累積大量的挫折情緒有關。

令人感動的是，其實很多知名的領袖和卓越的運動員都慣用左手，光是在美國就有四位總統習慣使用左手，包括福特、老布希、柯林頓和歐巴馬，還有不少頂尖的棒球選手憑著左手優勢在大聯盟發光發熱，像是左投陳偉殷等等，我都會在心裡爲他們鼓掌，雖然他們成長過程遇到的困難比慣用右手的人多，但相信他們也因此鍛鍊出強大的克服困難能力。

每個人的遺傳條件都不一樣，進而造就出專屬於個人的「強項」和「弱項」，所以，觀察一個人時，不妨看看對方會善用自己的強項，勇於克服阻礙；還是受限於自己的弱項，忽略自己的強項，總是覺得自己的命運比別人辛苦。

觀察一個人的「注意力」放在哪裡；「行動力」朝向何方，多少可以預測他未來的人生藍圖，如果要跟對方合作需要做好什麼心理準備，自然不會跟預期的結果差異過大。

從自拍行為看人格特質

無論在媒體或網路上都可以看到，現代人越來越喜歡玩「自拍」，從用手機自拍清涼照片，再到風景區快拍裸露照片，接著更進一步花錢請專業攝影師拍情侶親密裸照，甚至用攝影機或手機自拍性愛過程；然而，不管成品是僅供自己欣賞，還是放到網站歡迎大家下載，我對自拍者的動機和心理狀態都深感興趣，除了自拍行爲顚覆了傳統對「身體意念」的看法外，若往內探索，還可以觀察到訊息豐富的人格訊息。

熱愛自拍的人，常會給人自戀的感覺，怎麼看自己都好看，怎麼拍自己都不嫌多，特別渴望得到別人的關注，獲得各方的讚美掌聲。

自拍其實是一種「印象管理」的行爲，一方面，試圖給別人留下一個「美好的印象」，提高別人對自己的評價；另一方面，依照社會美的標準來修飾自己，爲了贏得正向回饋。

愛在風景區快拍裸露照片的人

很多著名的風景區和地標都曾留下「裸體快拍族」的身影，令人好奇的是，暴露身體隱私的樂趣究竟是什麼？從心理需求的角度來看，除了以自己的身材爲傲，渴望被別人欣賞外，「裸體快拍族」多少也想體驗被偷窺的刺激感，主動操控別人來觀看自己精心設計的演出。

若依據「裸體快拍族」的行爲模式來分析其個性，大都有衝動傾向，做事也比較極端，不是極好就是極壞，常會忍不住想要顚覆傳統，不喜歡按規矩行事，偏向追求「情緒的戰慄感」，持續渴望更新鮮的刺激感，甚至有裸體快拍族寧可冒著被公司開除的風險，依然堅持要捍衛裸露身體的自由。

喜歡自拍性愛親密照片的人

有些情侶在熱戀階段會渴望拍下對方裸露的樣子，這一方面是種自我擴張的舉動，想要將內心的親密感受，擴張到外在的具體照片；另方面則是藉由照片見證雙方的愛情，同時宣示「你屬於我的」，我們的感情有照片為證。

一般來說，會自拍性愛親密照片的人，個性比較叛逆，不太在乎別人的評價，所以看到別人異樣的眼光，反而會讓自拍族覺得自己很與眾不同，滿足其自戀的欲望。也因此，自拍族的戀愛歷程多半有點戲劇性，常會誇大自我的感受，以自我為中心，喜歡引起別人的關心和注意。

可想而知，愛得轟轟烈烈的自拍情侶，一旦對方提出分手的要求，就可能會做出驚世駭俗的事情，將照片當成控制對方的武器：「如果你離開我，這些裸露照片就會給全世界人欣賞」。即便雙方曾經立下誓言：「無論什麼狀況都不得流出性愛照片」，可是，當自尊受損、理智失控，一心一意只想報復對方，根本忘了過往的承諾。甚至被迫分手的一方會認為：「你都不信守愛情的承諾，我幹嘛還要信守保密的承諾；是你先對不起我，我才會這樣對你。」爲了降低愛情的風險，不管愛得多麼刻骨銘心，還是保有一點隱私，以免未來後患無窮。

沉溺自拍性愛影片的人

不少名人，尤其是男性，皆坦承喜歡自拍性愛影片，譬如轟動一時的媒體新聞，男性主播被指控在未經女方同意的情況下偷拍性愛影片，還私自燒錄成光碟觀看；此外鬧得滿城風雨的港星自拍事件，更激發大衆對自拍性愛影片的關注。

連受到全世界歌迷喜愛的拉丁性感天王，都在媒體上透露，他也是自拍族，做愛時會用攝影機錄下跟情人歡愉的過程。事實上，不僅名人愛自拍，很多男性都沉迷於自拍性愛影片，如果深入了解其心態，大概不外下面這些基本心理：

＊**渴望收集愛情的紀念品**：或許是交往對象太多，也可能是對愛情缺乏信心，所以需要藉助性愛影片來證明這段感情眞實存在，曾經有自拍性愛影片的男性就表示，這些影片都是過去的美好回憶，透過影片可以重溫過往激情時光。

＊**對鏡頭上癮**：拉丁性感天王之所以熱愛自拍性愛影片，一方面是因爲做愛時若缺少攝影機，那無論氣氛再浪漫都會覺得少了什麼，面對鏡頭會讓他更有信心。因此他

不但愛拍，更愛跟情人一起觀賞彼此的性愛畫面。

＊**欣賞自己的雄風**：有些自拍性愛影片的人喜歡欣賞征服情人的過程，進而獲得性權力的滿足感。

＊**人際關係疏離**：沉迷自拍性愛影片的人，大部分跟別人的關係疏遠，才會投入如此多的時間和精力在性愛影片上，特別是當他們感覺無聊寂寞的時候，性愛影片就是最好的慰藉。

由於拍攝性愛影片要冒「被人發現」的風險，爲了避免被別人覺察自己的僻好，乾脆跟人群保持距離以策安全。

從夢境了解潛意識

「作夢」對我而言，一直具有「啟發」的作用。很多想不通、理不清的事情，往往在夢醒之後有了頓悟。

有段時間，我常常作一個奇怪的夢。我夢見自己和男友去海邊的電影院看電影，看得正精采，電影院突然湧進一波一波的海水。水越漲越高，我的涼鞋被渾濁的污水淹沒，我的腳趾被褐色的沙子磨得發疼。

觀衆尖叫著四處逃散。我也想逃，但混亂中卻遍尋不著男友的蹤跡，怎麼辦？男友的公事包還留在電影院的椅子上，要不要幫他拿呢？我先走了，他會不會找不到我呢？正在焦急該如何是好，夢就醒了。

清醒之後，我非但沒有慶幸好在是一場夢，反而很生氣，爲什麼男友總是在緊要關頭不見人影？

有時候夢境與現實的感覺是如此連貫貼近，讓人難以區隔其間的界線。有時候，夢中所發生的事情會眞實在生活中上演，令人難以招架、不知所措。

熱門韓劇「當你沉睡時」，劇中主角透過「未知夢」而達到趨吉避凶的功能。其實，我也曾經做過「未知夢」，在夢中聽到某個朋友去世的消息，大家似乎正在相互走告朋友過世的訊息。記得在夢中，我呆呆的看著這一切發生，沒有任何特別的感覺；可是當夢境眞的在生活中演出時，我嚇到發抖。做完夢兩天後的晚上，我接到朋友的電話，他用激動痛苦的聲音說，簡直不敢相信，那位夢中的朋友在跟別人講電話的時候心臟病發猝死。

聽完消息，感覺彷彿正聚精會神看著電影，卻赫然發覺自己不是坐在台下的觀衆，而是螢光幕上的演員般叫人驚慌失措。

我完全可以體會韓劇「當你沉睡時」劇中主角的矛盾爭扎：要不要把夢境告訴對方？

在這個夢之後，我又作了一個帶有死亡訊息的夢。恍惚在夢中得知一位男性友人的姊姊過世了，我看到他面容憔悴，神情哀戚，不發一語的癱在椅子上。夢中的我，面對哀傷的朋友完全說不出話來。夢醒之後，我則被焦慮的情緒淹沒。我反覆思考：是否要告訴對方夢中顯示的訊息？跟其他朋友討論過後，還是決定不要告訴對方。但從此以後，心中便隱約藏著一份擔憂，揮之不去。

多年來，這種「害怕夢境成眞」的心情始終縈繞著我；我怕作惡夢，更怕夢境變成恐怖電影。我試圖走出這個夢魘，讓自己可以毫無恐懼的作夢。透過「夢工作」的過程，我終於釋放掉內心的恐懼與疑慮。

記得當我跟幫我作「夢工作」的老師講完上面這個「帶有死亡訊息的夢」的內容後，老師問我：「假如你會看到這位男性朋友哀傷的面容，你覺得會在哪裡？」我竟脫口而出：「在醫院。」

接著老師要我布置出醫院的景象，然後問我：「你那時候的感覺是什麼？」

我直覺：「很凝重的感覺。」

「有什麼東西可以代替凝重的感覺？」

「一塊白布。」

當我說完這句話，腦海中頓時浮現父親過世的景象：記憶中我才剛從醫院回家補眠沒多久，就接到弟弟語氣急促的電話。趕到醫院，父親身上已經蓋著白布，等著見我最後一面。

一切進展得太過快速，彷彿在夢中一般。父親去世的當天晚上，小侄子告訴我們，他夢見爺爺跟他說：「我的病好了，再也不會咳嗽了。」這個夢境捎來的訊息，就像來自天國的消息，讓全家人稍稍放心一些。

而當老師藉由「空椅技巧」讓我跟父親對話，我有個非常奇妙的感覺。回想父親走後，每次上香祭拜，我都祈禱他在另一個世界好好修道，媽媽說爸爸回老家福建的武夷山修道去了，並且保佑我們全家健康平安。我好像很少跟他談到自己的心情，也很少提及我想對他說些什麼話。

所以，這次的「夢工作」對話，給了我一個極爲難得的機會，可以面對面正式告訴父親我的感覺和想法。這眞是一段不可思議的旅程，讓我再度與父親「重逢」，傾訴對彼此的感覺和想法，那種超越時空的震撼，令我久久不能自已。

懷著澎湃的心情回到家，就接到媽媽的電話，交代我「明天是爸爸的忌日，要回家祭拜」。原來「夢境密碼」是來自父親的召喚。

夢中場景發生了什麼事情？夢中人物彼此相隔多遠的距離？夢中人物互動的過程在做些什麼？雙方說了什麼對話？生命中留有未完成的遺憾嗎？想要解開「夢境密碼」？不妨勇敢深

入夢境，探索未知的心靈旅程。

夢中蘊藏豐富的訊息

知名心理學大師佛洛伊德（Sigmund Frend）將夢視爲「通往潛意識的金光大道」，在睡夢中，由於防衛作用減弱，讓原本壓抑的感受得以浮現，於是，潛意識中的願望、需求、恐懼，便會化爲一個又一個的「夢境」。

一般而言，夢有「顯義」與「隱義」兩重內涵，夢的「隱義」包括隱藏的、象徵的，以及潛意識的動機、願望和恐懼等等，倘若潛意識中的「內涵」太過痛苦，或是充滿威脅性，例如性與攻擊的衝動，就會轉換成比較容易被接受的「顯義內涵」形式呈現，也就是我們所做的夢。

夢境往往會用象徵的影像代表眞實的事物，或是把系列的想法濃縮成視覺的「隱喻」；譬如，將情緒轉化爲某個人、動物或是物品。

而「夢的解析」便是將夢的「隱義」翻譯爲較不具威脅性的「顯義」的過程，藉由探索夢的「顯義」內容，發掘隱藏其中的意義。

另一位心理學大師榮格（Jung）認爲，夢有兩種目的，第一種是「展望未來」，亦即在夢中先行體驗將要發生的事情，或是未雨綢繆。第二種是「補償作用」，夢境可以補正人格中過度發展的面向，讓人格得到均衡的發展。

榮格強調，夢的功能在於「傳達訊息」，而非壓抑與扭曲訊息。夢的目標在「解題」與「整合」，夢的每一部分都可能是作夢者投射出的某種特質，解釋夢境的方法，是讓當事人說出「一系列的夢境」，在此過程中，夢境的意義便逐漸浮現出來。

作夢的功能

大體來說，作夢有四大功能：「檢討」自我觀念，「修改」負向想法，「彩排」未來面對挑戰，「復原」功能增強自我力量，幫助我們解決困難。

最常見的狀況是，夢境會反應出作夢者目前的生活危機。生活中容易讓人寢食難安的事情大概有三類：一是生理的健康；二是心理的統合（自我統合）；三是人際關係。

當生活出現危機的時候，所作的夢也會進入備戰狀態，因此較爲淺眠，也較易驚醒。尤其是生活環境受到威脅時，譬如離婚或失業，往往會顛覆我們的自我印象，這個時候，夢能協助個人維持自我統合，讓我們了解，自己是什麼樣的人。

夢境常常回到過去，一些早已忘懷的人事物會突然出現在夢中，這是因爲夢會自動搜尋我們過往的記憶庫，努力找出跟目前危機相關的情緒、感觸，或反應我們的想法、動機，以及獨特的行事風格。譬如說，面對困境時，習慣選擇克服，或是逃走？這些寶貴的過去資源，可以提醒我們，如何渡過危機跨越障礙。

夢境也常會緊扣某個主題，不同的故事、不同的人物、不同的情節，幫助我們從不同的角度來觀看相同的問題。

很多有創傷後壓力症候群的當事人也會做反覆的惡夢，當我們心靈的負荷過重，在意識上不知道要如何釋放創傷的痛苦，但是夢中卻暗藏宣洩情緒的管道，可以透過心理諮商，有效療癒心靈。

很多有恐慌狀況的當事人，在意識上找不到原因，但透過夢境與心理解析，終於可以清楚知道自己的恐懼來源，進而找到靜心的方式。

諮商的過程發現，很多人會做類似的夢境，常見的夢境包括：被追逐的夢，或是從高處摔下、墜落下來的夢，被困在某個地方的夢，已經不需要考試還是會做考試夢，或是找不到廁所的夢，這些夢境都隱藏著一些訊息，要幫助我們趨吉避凶。

我受過的專業訓練中，無論阿德勒學派或是完形學派，都很善於從夢境中解析隱含的訊息，探索夢境，不僅是進入潛意識的最佳管道，也是找到內心安全感的最快捷徑，當我們可以安心，自然可以睡個好覺。

◀分析：如何解讀夢境

夢醒的時候，再重溫一下夢境，並且感受夢中的情緒，讓夢境再度浮現腦海。如果一直很難記住夢境，不妨利用假日多睡一會，或多賴一下床，有助於喚起夢境。還有跟周遭的親朋好友訴說夢中景象，也可以幫助自己捕捉夢境故事。

解讀夢境的方法

＊描述夢中的環境背景：包括場所、氣氛、感情。在夢境中有什麼感覺？整個環境的感覺像什麼？

＊整個場所、感情，是否聯想到任何事情？與現實生活中的情景有沒有相似的地方？

＊夢中出現的人物是誰？這個人長什麼樣子？正在做什麼？是哪一種性格的人？對這個人有什麼感覺？

＊與夢中人物的關係如何？還有關係的特色是什麼？

＊這個人是否會讓自己想起生活中的事情？或聯想到任何人？

＊自己身上是否有任何部分跟夢中人相似的？

＊夢中是否出現什麼重要或特別的物品？先描述這樣物品，並且說明物品的用途？如

何使用？這樣物品對自己的意義是什麼？

＊夢中對物品的感受是什麼？喜歡或不喜歡？無聊？是必需品嗎？對自己有益處嗎？

＊夢中是否有重要的動作？這些動作是否會聯想到現實生活的任何情境？

如何了解夢境？可以運用「自由聯想」，對夢境做出解釋。每個人的夢境都蘊藏大量豐富的訊息、創意與靈感，如果懂得運用，不僅能夠澄清困惑，解決人生難題，更可以累積能量，獲得珍貴啟示；特別是剪不斷理還亂的人際關係，都能在夢中找到解套的答案。

詮釋夢境

要想掌握夢境的意義，做出具有啟發性的解釋，最重要的，就是將夢中的訊息與現實生活連結，因爲夢中的所有印象，都可能透露出生活的議題。

再者，亦可從夢境故事中挑出共同的經驗和形容詞，特別是描述自己與他人的形容詞，如果出現二次以上，就要將這些形容詞歸類，並且紀錄在紙上。

舉例來說，若經常做被壞人追逐的夢境，便將夢境中的形容詞：高大的黑影、緊張、害怕、生氣寫下來，然後找到相對照的意義：

＊高大——微小
＊黑色——白色
＊緊張——放鬆
＊害怕——勇敢
＊生氣——關懷

接著進一步探索目前的生活是否存在著矛盾、衝突、掙扎？這些形容詞與現實經驗的關聯是什麼？如果發覺自己面臨衝突矛盾，就可以藉助「心靈對話」來統整自我，找到平衡點。

常見的夢境

夢境會如實呈現作夢者的情緒波動，所以我們常會做相同的夢：

＊**考試夢：**即將參加考試卻還沒準備好；或是參加某個考試，卻一題也不會寫。做考試夢不一定跟考試有關，倘若擔心未來發展的好壞，就可能會做考試夢。心理學家阿德勒認為，這樣的夢境意味：「還沒準備好要面對問題。」因此，夢境提醒我們，要努力做好準備，迎接挑戰。

＊被困在電梯中：身處困境的人，常會夢到自己被困在電梯中，或困在某個地方動彈不得。

＊重複的惡夢：不斷重複出現相同的夢，或總是被惡夢驚醒，就表示心靈負荷過於沉重，此外若生活中曾歷經創傷或恐怖事件，也會密集出現駭人的夢境。

＊從高處摔下來：當我們覺得無法控制外在環境，或生活中發生某些威脅到安全感的事情時，像是失戀、失業、離婚，就可能會做墜落的夢，那種失速、無助、無力的感覺，往往會讓人從夢中驚醒。

＊被追逐：無論在夢中是被壞人、怪物、動物、鬼魂追逐，都顯示生活可能受到侵犯、被限制自由、無力改變現狀、無法掙脱困境，沒辦法保護自己，以致於在夢中會奮力「逃跑」，希望能夠逃到安全的地方。

惡夢是焦慮的睡眠反應

睡覺時經常反覆地從惡夢中驚醒，醒來之後，夢中的場景清晰，彷彿身歷其境，可以從頭到尾清楚的將夢境回憶敘述出來。

這類夢境通常都跟生與死、安全和自尊的議題有關，也因此，從夢中驚醒之後情緒還會跟著波動起伏，讓做夢者久久無法平復情緒。

諮商的過程中發現，不少人會覺得自己好似過著「雙重人生」，白天過著一種人生，晚上睡著後又過著另一種人生，夢境內容不僅眞實生動，而且記憶深刻不會忘掉。

恐怖睡眠反應

一樣是反覆出現的夢驚，但是不同的是，做夢者會發出恐懼的尖叫聲，突然從夢中嚇醒後，還會伴隨很多生理反應，像是全身冒汗、心跳加快、呼吸急促，飽受驚嚇的感覺；彷彿陷入另一個時空中，對於周遭人的安撫都沒有反應。

當我們面臨危難的時候，夢不僅可以紓解情緒，更能藉由改變夢境，扭轉危機，並且從過往的記憶寶庫中，找出充滿力量的經驗，幫助自己安然脫困。

從潔癖看焦慮指數

好友阿淨新居落成，請了我們一票朋友到他家參觀敘舊。一踏進門還來不及穿上拖鞋，阿淨就跟我們宣讀「客人須知」：「不好意思，待會各位上廁所的時候，麻煩請用一根手指頭開燈，以免弄髒牆壁，謝謝各位的合作。」阿淨一邊解說一邊示範，神情就好像飛機上的空中小姐。爲了避免弄髒主人的家，每個人都努力學習一指神功，認眞的問阿淨：「是不是這樣按？」才沒幾分鐘，大家便感受到壓力，因爲阿淨的一雙眼睛就彷彿探照燈般，炯炯有神地注視著每個人的一舉一動：只要有人把食物掉一點在桌上，他立刻就會拿抹布來擦乾淨；看見有人不愼滴了一滴咖啡在新地毯上，他馬上露出心痛懊惱的表情；眼角餘光瞥見有人上廁所沒有用一指神功而是四指齊上，他也會一個箭步奔上前去糾正指導。試問，在這樣的氣氛下用餐，怎麼會有好胃口呢？好不容易吃完這頓晚餐，大家都非常有默契地馬上起身告辭。一走出阿淨家，幾乎所有的人都動作一致地吐了一大口氣，接下來好奇討論，究竟阿淨是屬於過於潔癖？抑是過於勤勞？但阿淨還不是最嚴格的主人，我還碰過要客人在門口換上他提供的衣服才能進門的朋友。跟他相處眞的有很多禁令，譬如說，他不在外面餐廳上廁所，因爲太骯髒怕得病，每樣東西都要反覆擦拭才能夠使用。

不過，有潔癖的人大多不會只在自己家裡吹毛求疵，到了辦公室，他們一樣要求完美。我認識一個患有中度潔癖的朋友，他的辦公室不但整理得井然有序，而且擦拭得窗明几淨。據他身邊的同事私下透露，倘若有客人不小心在他的玻璃板上面留下指紋，那等客人走後，他一定會拿衛生紙仔仔細細地把指紋一個一個擦掉。和有潔癖的人一起工作，最好預做「常常被挑剔」的心理準備。

一個在廣告公司上班的朋友，每次都爲了企劃書裡面的字體大小、行距多少、標點符號而被上司責備。因爲他的上司剛好是個版面潔癖，完全無法忍受任何誤差。學生時代，我也曾碰過一個有標點潔癖的同學。記得當時每逢默寫完課文，要互換改考卷時，大家都會先在心裡默禱，祈求老天千萬不要讓自己的考卷落入這位同學的手中。因爲他不僅逐字逐句對照課文，甚至連標點符號亦列入計分範圍，凡是被他批過的考卷，下場多半很難看。

爲了降低相處的壓力與焦慮，不少人都會選擇遠離他們的視力範圍，也因此，有潔癖傾向的人在團體中多半會變成孤僻份子。

通常有潔癖的人都不承認自己有潔癖，他們最多只願意承認自己有一點要求完美，而之所以不認爲自己有問題，是因爲潔癖習慣是從小被灌輸的生活規範，不斷被長輩告誡：家裡要保持一塵不染，東西用完要歸位，每樣物品都要對齊不能歪掉。如此戰戰兢兢養成的規範，長大之後卻要承認是「不良習慣」，在心理上自然很難接受。

事實上，有潔癖習慣的人要調整的是對別人的包容度，允許別人的規格跟自己不一樣，接受別人的整潔習慣跟自己不同，再逐步提高自己對環境的適應力，練習在任何環境都可以放鬆，有助於減少人際互動的壓力。

你的潔癖指數有多高？

TEST

想知道自己是屬於愛乾淨？還是有潔癖？做做下面這個測驗，便能見分曉。請根據真實感覺做答。

1. 你很討厭斑點、泥土等髒東西，只要看到髒污就會渾身不舒服？

是□　不是□

2. 你既不喜歡使用別人碰過的東西，也不愛自己的私人物品被別人摸過？

是□　不是□

3. 你非常厭惡有人碰觸自己的身體？

是□　不是□

4. 無論何時何地你都會保持雙手的清潔，而且會隨身攜帶紙巾等清潔用品？

是□　不是□

5. 所有的衣服、鞋子、襪子，你都會盡量維持得潔淨無瑕？

是□　不是□

6. 你習慣把東西分門別類，放在固定的收納地點？

是□　不是□

7.你受不了周遭環境凌亂、不乾淨？

是□　不是□

8.無論是家中的畫作或抱枕，都要整齊擺放，不能歪斜或隨意亂放？

是□　不是□

9.只要看到地板或家具有任何髒點，就一定要立刻擦拭乾淨？

是□　不是□

※結果分析：

答案中1、2、3題回答「是」者，表示你很怕被別人「污染」，潔癖指數屬於最高級。答案中4、5、6題回答「是」者，意味你很重視「個人衛生」，算是極度愛乾淨的族群。答案中7、8、9回答「是」者，顯示你很在意環境整潔，甚至有點龜毛，潔癖指數屬於中重量級。如果全部的提問都回答「是」者，代表潔癖指數真的很高。愛乾淨當然是良好的生活習慣，但若太過潔癖，就會影響到人際關係，也會限制自我發展，提醒你，不妨練習讓自己適應一點髒亂，試著欣賞生活中的不完美。

◀分析：「強迫症」與「強迫型人格障礙」有什麼不同？

很多人分不清楚「強迫症」與「強迫型人格障礙」有什麼不同，在此特別說明，可以幫助自己與周遭人更了解自我的身心狀況。

「強迫症」的行為特徵

「強迫症」（Obsessive–Compulsive Disorder）會出現強迫性思考，持續且反覆的出現一些想法、衝動或是影像，導致強烈焦慮跟痛苦的感受，爲了抑制這些想法、衝動或影像，被迫做出反覆的強迫行爲，像是不斷洗手或是反覆檢查，以降低焦慮，預防發生可怕的狀況。

舉例來說，不少父母教養嚴格的人，成長的過程中會產生「我隨時會犯錯」的強迫性思考，接著湧現排山倒海的焦慮感，於是設定「反覆檢查自己有沒有犯錯」的強迫行爲，來降低「不信任自己」的焦慮感。

「強迫型人格障礙」的行為特徵

「強迫型人格障礙」（Obsessive–Compulsive Personality Disorder）的人從成年初期開始，會過度專注於細節、規則、清單、秩序、行程表，反而忽略活動的主要目的。

做事的時候，他們會過於完美主義而妨礙任務的完成，或是因為太過嚴格要求達到標準，以致計畫無法完成。他們也會過度熱衷工作，重視生產力，不允許自己跟別人花時間從事休閒活動或經營人際關係。

對道德、倫理、價值觀的規範嚴苛，什麼是對的什麼是錯的，完全沒有彈性。人際互動時，會期望別人完全按照他們的意思進行，或嚴密控制別人的行為，不能讓別人質疑自己的原則，不然就會招致危險的情境。

對於金錢、物品也是嚴格控管，譬如無法拋棄沒有價值的物品，無論對自己或別人都吝於花費金錢，全部都要儲存起來。

完全遵守規範和規則，對「強迫型人格障礙」的人是很重要的，通常成長的過程中，他們身邊都有一個嚴厲的糾正者，不斷被糾正者貶抑責罵、負向評價，或是被糾正者拒絕：「不乖乖遵守規範，就不是我們家的人」。面對這些可怕的威脅，最安全的作法就是內化、吸收這些規範成為自己的一部分，不必等糾正者說出來，他們就會自動遵守規範，努力獲得糾正者的認同。

長時間處於這樣規範嚴格的環境中，自然不能有自己的需求和感覺，要告訴自己需求和感覺都是錯的，會帶來不好的後果，只有遵守規範才是安全的。由於規範會給他們安全感和控制感，所以久而久之，他們也會成為規範的制定者，保護自己的世界運作順暢。

「強迫型人格障礙」其實是一種關係疏離障礙，他們不容易相信別人，不會跟別人透露自己的個人資訊，以免受到批評和攻擊。在人際互動的過程中他們也有很強烈的控制欲，當別人偏離他們訂下的規範時，他們會認爲對方是不道德、不應該、差勁的，需要及時導正對方，才能讓世界井然有序。基於「所有的人都應該遵守規範，世界才會變好」的使命感，他們會處罰、體罰對方，或是威脅把對方關起來。

若想多了解「強迫型人格障礙」的形成歷程，可以參考「性心理發展歷程」文中的「肛門期性格」，或許會有更多發現。

第二章

從人際習慣
洞察人心

insight into people's psychology
from habits

從人際互動反應與習慣，可以觀察一個人的安全感強弱？溝通能力高低？能不能滿足別人的需求？有沒有同理心？

女性精神分析大師荷妮（Karen Horney）簡單的將人際關係反應分成三種類型，一種是接近他人，一種是遠離他人，一種是與人對立。

長期觀察人際反應的習慣，我發現，這三種分類雖然簡單卻很準確，特別是當一個人面對壓力時最容易看出這三種人際關係反應。

「接近他人」的人際習慣

在人際互動的過程中，如果習慣「接近他人」，就會努力縮短跟別人的距離，有人會透過討好讓別人喜歡自己，有人會藉由依賴別人來得到安全感，有人會順從別人來獲得接納，有人會跟別人合作來獲取生活需求滿足，有人會愛護、幫助別人來贏得回饋讚賞。

習慣「接近他人」的人，多半非常重視人際互動關係，也很在意別人如何評價自己，萬一碰到被人拒絕、不被認同、不被欣賞、不被接納的人際狀況，就有可能引發他們高度的焦慮，會用盡所有的方法拉近人際距離。

在情感的需求上，他們也強烈需要被關愛，依賴別人的情感支持，潛意識經由靠近別人來降低內心的焦慮感。事實上，我們每個人都有依賴的需求，依賴別人消除孤單和寂寞感，肯定自己存在的價值。

「遠離他人」的人際習慣

習慣「遠離他人」者，通常在人際互動的過程中會跟別人保持安全距離，對人的信任感比較低，很害怕跟別人太靠近會受到傷害。所以，當他們需要跟別人長時間相處，或是需要一段時間跟別人緊密合作的時候，就會開始焦慮不安，渴望能夠擁有自己的獨處空間，享受一個人自由自在的氛圍，愛做什麼就做什麼，無需顧慮別人的感受。

當他們跟別人的關係逐漸親近時，也是他們想要逃走的時候，所以，習慣「遠離他人」者常常會給人疏離、冷漠的感覺，與人互動的過程也很容易感到緊張害羞，需要擁有獨處的時間和空間安撫自我情緒、消化人際壓力。

「與人對立」的人際習慣

習慣「與人對立」的人，在觀念上常常會認爲：「不保護好自己，就會被別人欺負」，爲了嚴密保護自己的心靈安全，他們會努力武裝自己，不會讓別人發現自己的缺點，更不會把自己的弱點暴露出來。

有時「不示弱」與「不柔軟」只在一線之隔，我看過太多以「強勢」包裝內心脆弱的人，反應在行爲習慣上，他們會壓抑自己對別人的正向感受，不能給別人任何正向回饋，似乎表達自己喜歡別人、欣賞別人，就會被對方攻擊，必須時時刻刻用抗拒反對的方式，找出別人哪裡做不好，才能夠讓自己安心。

儘管「不承認自己需要依賴別人」，但並不代表他們眞的不需要別人，可以完全靠自己求生存，矛盾的是，當他們需要依賴別人的時候，他們會感覺自己很無能，內在充滿挫折感和空虛感。這個時候，倘若周遭人主動關懷他們，試著伸出援助之手，他們還會公開拒絕別人的協助，因爲他們不允許自己依賴別人。想要幫助他們還要默默進行、暗中付出，讓他們沒有感覺自己依賴別人。

從人際互動習慣洞察行為目的

從人際互動習慣最能夠清楚觀察其行爲背後的目的是什麼，讓我們知己知彼，找到最好的應對方式。

- **習慣發號施令：**習慣發號施令的人，跟別人相處的時候，他們會提出各種意見，並且設法讓別人依據自己的指令去行動，行爲背後的目的在領導支配別人。
- **習慣自吹自誇：**習慣自誇的人，跟別人相處的時候，他們會不斷強調自己的優點、凸顯自己厲害的地方，他們期望在別人眼中，自己是比別人強的，行爲背後的目的在證明自己競爭力強，取得人際優勢。

●**習慣逗人開心**：習慣取悅的人，跟別人相處的時候，他們會主動講笑話，絞盡腦汁想笑梗來逗別人開心，帶給別人快樂，行爲背後的目的在於力求表現、渴望被關注，才會這麼努力取悅周遭人。

●**習慣幫助別人**：有助人習慣者，跟別人相處時，當他們看到親朋好友遭遇挫折時會適時鼓勵，聽到親朋好友生病的訊息，也會主動關懷慰問，行爲背後的目的在傳遞溫暖與友善。

●**習慣順從讓步**：習慣順從讓步的人在跟長輩相處的時候，他們多半採取聽從、不辯駁的應對方式，與親朋好友發生衝突時，他們也會以和爲貴，行爲背後的目的在退讓以避免衝突。

●**習慣道歉**：習慣道歉的人，跟別人相處的過程中，一旦面臨出錯被指責的狀況，他們多半不會爲自己辯解，也不會追究造成錯誤的原因，會自動一肩扛起所有的責任，苛責自己的不是，他們很容易把不好的事物都連結到自己身上。

●**習慣懷疑**：習慣懷疑的人，跟別人相處的時候，他們常會質疑別人的誠意，對人較爲不友善，做事的時候也會操控、利用別人，跟別人採取疏離策略，行爲背後的意涵是不信任別人。

要觀察一個人的人際互動習慣，除了上面敘述的重點外，還有幾個人際行爲可以多加留意：

＊一個是對人有沒有同理心，可以捨棄自己的立場，從對方的角度思考，理解別人的感受和處境。

＊一個是會不會信守自己許下的承諾，說的和做的是否一致，如果說的和做的常常相反，就很難跟別人建立信任感。

＊一個是有沒有抱持互惠原則，人際關係秉持平等尊重，樂不樂於爲別人付出，如果只想獲得而不願付出，久而久之，雙方關係就會不平衡。

＊一個是可不可以跟別人聊天，假如是不善於跟人聊天可以後天學習，但若覺得聊天浪費時間而不喜歡聊天，就會缺乏了解別人的個性、興趣、嗜好的能力，別人也很難靠近他們。

從排行看人格特質

很常聽到當事人以困惑的口吻說：「同樣是一家人，怎麼性格差這麼多？」這個問題的解答，就在於「出生排行」。

諮商的過程中不斷印證，每個人不同的出生排行，會深深影響我們的人格特質，包括自我價值感、自我概念，特別是當我們在面對工作任務時，不同的出生排行往往會有不同的表現。

想要了解「出生排行」對一個人性格的影響，最簡單快速的方式就是，觀察父母對子女的期望，是否有手足競爭的狀況，家庭有沒有偏心不公平的議題，家庭氣氛是嚴肅的亦是放鬆的，還有每個家庭成員是用什麼獨特的方式追求自己的歸屬感和意義感。

從收集家庭成員間彼此互動的狀況，對兄弟姊妹的看法跟感受，以及家庭傳統的相關訊息，相信會有意想不到的發現。

排行老大的人

由於老大是爸媽的第一個小孩，通常爸媽會特別謹慎，一有什麼狀況就趕緊去醫院詢問醫生，照顧的細節也會特別小心，也因此，老大出生時得到父母滿滿的關注與照顧，也獲得全部的資源。

可是，當老二出生之後，如果父母將照顧的注意力都轉移到老二身上，就會讓老大經歷「失去寵愛」的心路過程，感覺父母的愛被老二搶走了，當老大心靈受到衝擊時，往往會產生矛盾情結，一方面期待弟弟妹妹出生來陪伴自己玩，另一方面又發現自己的玩具物品要分享給弟妹，導致強烈被剝奪感。這個時候，有些老大會產生退化現象，譬如說，原本已經會自己吃飯的老大，在弟弟或妹妹出生之後，又「退化」到吸奶嘴喝奶奶的口腔期階段，渴望被父母關懷；也有的老大會出現報復行爲，趁父母不注意的時候，偷偷去欺負弟弟妹妹。

如果父母不瞭解孩子行爲背後的意義，只看到孩子幼稚、不乖的行爲，就會讓老大的失寵與失落感更加嚴重。

倘若家中弟弟妹妹比較多，老大因爲情境的需要，從小就被訓練扮演多重角色，或當弟妹的玩伴，或當弟妹的小老師，或當弟妹的照顧者，或當爸媽的小幫手，無形中會養成許多正向的習慣，能夠穿梭在不同的角色之間游刃有餘。

一般來說，排行老大的人，大多會吸收父母的價值觀，承接父母的期望，變得比較負責任，傾向完美主義，主導性強，成就表現較爲傑出。

有正向的影響自然也會有負向的影響，我也看過不少老大被父母的期望壓垮，自覺無法達到父母的高標準，乾脆放棄成爲父母心目中理想的模範生，抗拒負起家庭責任，逃避到自怨自艾的世界裡，看什麼事情都不順眼，做什麼事情都不順利。

還有些被父母過度保護的老大，所有的生活起居都被爸媽照顧得好好的，長大後，就會缺乏照顧自己跟別人的能力。

像我自己身爲老大，從小就會聽到媽媽不斷叮嚀我：「你以後要照顧弟弟」或是「你是姐姐要當弟弟的榜樣。」久而久之，我發現家中的大小決定，媽媽都會詢問我的意見，無形中我似乎很習慣做決定、拿主意。

身邊也有很多排行老大的朋友，跟他們出去也會備受照顧，從景點到餐廳，每個行程都安排得好周到，我發現這些排行老大朋友的家庭照顧責任都自然落在他們身上，而他們也無怨無悔的承接起來。

排行中間的人

由於老二出生時前面已經有個老大，所以，老二天生就是「追趕者」，無論在家務、友誼、學校都要加倍認眞努力，以得到衆人的認同。但相對的，如果老大表現得太過優秀，也可能會讓老二產生競爭心理，或是內心總覺得「比不上老大」的自卑心理。

排行老二的人，優點是不會經歷老大的失落感，而且一出生就要學習跟老大相處，因此比較習慣跟別人分享、合作，通常對別人較有同理心，連帶的也擁有較好的人際關係。但內心有時仍會懷疑自己的能力，進而產生叛逆或反抗心理。

而排行中間的人，上有老大、下有弟妹，所以，成長的過程中，一方面很容易承受上下壓力，另一方面也可能被忽略，是以排行中間的子女，往往會用力吸引爸媽的關注，或是用優秀的表現來贏得父母的稱讚，或是用搗蛋闖禍的行爲來博取爸媽的關注。

排行老么的人

身爲家中最小的孩子，一般來說，家人比較不會給老么太多的期待壓力，往往會對老么特別疼愛、縱容、愛護，但這樣反而會讓老么感到氣餒，好像怎麼努力都比不上哥哥姐姐們。

很多老么出生的時候，家中的經濟已經逐漸轉好，因此，他們既不需要承擔家務責任，還可以享受經濟果實，因此很容易被過度寵愛。

相對地，也有些排行老么的孩子，由於從小苦苦追趕哥哥姊姊們，努力超越哥哥姊姊們，而會成爲家中最有成就的小孩。

我碰過有些排行老么的朋友，由於從小被哥哥姊姊們使喚當跑腿買東西的角色，長大出社會後，反而努力成爲獨當一面的主管，可以指揮領導別人，擺脫被指使的人生。

獨生子女的人

獨生子女既是老大也是老么，吸收父母全部的資源與關注，通常他們習慣成爲眾人注目的焦點，性格上會比較以自我爲中心，加上沒有人跟他們搶奪資源，也可能會讓他們嫌惡競爭。

由於沒有兄弟姊妹，獨生子女的成長過程會覺得比較孤單，少了兄弟姊妹可以互動，可能會間接影響獨生子女的社交技巧。

但也正因爲獨生子女互動的對象以父母爲中心，所以獨生子女多半善於跟長輩相處，在成人圈感覺輕鬆自在，努力達到大人的期望。可是，一旦他們自覺不夠優秀時，就可能會出現自暴自棄的偏差行爲。

當父母年紀大後，獨生子女由於沒有其他兄弟姊妹分擔照顧責任，一個人要獨自承擔雙親的照養，大多感受到強大壓力。

心理的出生排行

諮商的過程中我發現，「心理的出生排行」有時比「生理的出生排行」更會影響我們的想法、情緒和行爲。

事實上，手足之間的感情親不親密，溝通順不順暢，對我們形成安全感是非常重要的。舉例來說，發生困難的時候，如果有手足可以伸出援手，給予實質的物質支援，同時在旁陪伴安慰，一起走過難關，是能產生強大的支持力量。

或有心事的時候，有手足可以聆聽祕密，分享經驗，人生就不會孤單。像很多當事人，碰到重大事件時，多半不敢告訴父母，既怕被責備也怕父母擔心，最好的傾訴對象就是年長的兄姊。

兄姊在弟妹人生旅途的影響力真的不可小覷，如果兄姊與弟妹感情融洽，弟妹們就會覺得被接納、有歸屬感，不管發生什麼事情都會受到保護、得到支持，自然會形成安全感。相反的，要是兄姊與弟妹相處不睦，弟妹覺得兄姊冷漠拒絕，彼此之間充滿敵意、互相忌妒，自然會累積成焦慮不安的情緒習慣。

◀從情緒習慣洞察人心

常常遇到有人困惑的詢問我：「信任感」和「安全感」是怎麼形成的？何以有些人很容易調節負向情緒走出低潮？有些人卻始終停滯在負向情緒中難以自拔？怎麼知道對方內心有沒有一座情緒的黑洞？

觀察一個人的情緒習慣，可以根據下面三個方向：

* **第一個方向是：**情緒反應會不會過度激烈或消沈？
* **第二個方向是：**情緒反應會不會持續過久？

＊第三個方向是：情緒反應會不會沒有現實感？

很多人不喜歡情緒感受，事實上，情緒可以幫助我們對發生的事情做出最初評估，藉由我們感受到的欲望、需求、感覺舒服或不舒服，進而決定下一步該怎麼做。所以，情緒是解決問題的基本感受能力，情緒喜好可以縮減我們的選擇範圍，以免被太多訊息淹沒，有助於我們快速適應世界。

此外，情緒也是向自己發出訊號，了解人際關係發展的狀況，當我們感覺被威脅、被拒絕的時候，我們便會採取行動，或退縮到安全的地方，或評估下一步該如何進行。

有趣的是，我們每個人的情緒習慣都不一樣，每個人的情緒按鈕也不太相同，究竟情緒習慣是如何養成的呢？

不同年齡的情緒習慣

我們剛出生的第一年，可說是形成「信任感」的重要時期，如果嬰兒相信照顧者會給他足夠的保護、安撫、支持，就會培養出信任的人際互動習慣。相反的，倘若嬰兒的基本需求得不到滿足，沒有受到足夠的保護、安撫，就可能會形成不信任的人際互動習慣。

●嬰兒的情緒習慣

常常會聽到有人說，小孩子不能一直抱他，會養成壞習慣，這要看孩子處在哪一個情緒階段而定。因爲嬰兒的情緒要透過撫摸擁抱、身體接觸、溫柔悅耳的聲音來獲得安全感，才能產生對世界的信任感。這個時候，若任由孩子哭到聲嘶力竭，就可能會導致孩子慢慢形成情緒退縮、情緒隔離，對人冷漠，缺乏溫暖，表現出不在乎的情緒習慣。

事實上，嬰兒在一歲左右就累積了許多害怕的情緒，會引發嬰兒恐懼害怕的情緒，包括巨大的聲響，像是打雷的聲音或是馬桶的沖水聲；還有從高處往下掉落，都會讓嬰兒有驚恐反應。

假如嬰兒的爸爸或媽媽很容易緊張，非常的神經質，動不動就發怒，也會增強嬰兒的不信任感跟不安全感。

當我們還是小嬰兒時，一方面透過情緒告知周遭人自己需要什麼，另一方面也在學習主要照顧者的情緒表達習慣。例如，嬰兒會跟媽媽學習情感與情緒的表達方式，當嬰兒微笑的時候，如果照顧者也立刻給予微笑的回應，嬰兒的微笑反應就會更頻繁的出現。因此，常常跟小嬰兒有雙向的情感溝通，有助於嬰兒養成表達內在感受的情緒習慣。

我看過很多爸爸會用雙腳照顧嬰兒，因爲爸爸認爲只要確保小嬰兒的安全不跌到床下、沙發下就好了，雙手可以空出來滑手機，做自己想做的事情，看起來是兩全其美的照顧法，卻忽略跟孩子互動的重要性。

諮商的過程中發現，擁有高壓情緒的父母，孩子在很小的時候就會出現高壓的情緒反應。譬如說，受虐嬰兒由於接收到較多的負向情緒的刺激，所以他們很早就會表達恐懼和悲傷的負向情緒。

●從一到三歲的情緒習慣

到了一、兩歲，大部分的幼兒會開始學著自己吃飯，練習自己控制大小便，想要探索周遭環境，如果父母允許孩子在安全的範圍內玩耍、探索世界，自然培養出積極正向的自我概念，可以獨立活動，逐步鍛鍊出自己思考的習慣。反過來說，倘若幼兒探索世界的時候，主要照顧者不斷限制、責罵孩子，或是嚴厲的羞辱、處罰孩子，就可能會養成孩子既懷疑自己也不信賴別人的思考習慣。

無論是表達自己的心意，或是跟別人建立關係，都需要透過語言傳遞訊息，所以，如果語言表達出現困難，成長過程就可能會產生一連串的狀況，特別是對別人的信任，也會連帶受到影響。

兩歲大左右，如果幼兒玩得太興奮，或是心情緊張，或是感受到害怕，或是覺得矛盾，就會影響原本的睡眠習慣。常常會看到很多孩子拒絕上床睡覺，要睡覺的時候就會莫名哭鬧或要找爸爸媽媽，這些睡眠狀況通常跟「分離的焦慮」有關，也有可能是孩子企圖控制環境而產生的情緒。

另外，陌生人、新環境，單獨把孩子留在陌生的地方，都會引發孩子害怕的情緒。有些孩子睡覺時，會突然從尖叫聲中驚醒的夜驚反應。

孩子的害怕情緒來源，除了來自實際經驗為主的制約性害怕反應外，孩子還會有因豐富生動想像力所引發的害怕，以及因為了解能力有限導致的害怕，譬如說，有些大人喜歡故意驚嚇兒童，或是威脅兒童要乖乖聽話不然就要怎麼樣，這些語言跟舉動都會讓孩子產生害怕的情緒習慣。

或許有人會反駁，孩子又沒有記憶，不會對孩子造成什麼影響。但是，諮商的過程中我曾經遇到有些當事人的情緒記憶可以追朔到一歲左右；也有些當事人雖然沒有事件記憶，卻留下大量害怕的情緒，長大後飽受莫名情緒的干擾。

●三到五歲的情緒習慣

三到五歲這幾年，幼兒擁有更多的能力與勇氣去發掘世界的奧妙，而隨著孩子能力的增強，父母或周遭人也會給孩子更多的指令、要求和任務。如果這個時候，父母或周遭人給孩子機會去完成自己想做的事情，陪著孩子一起討論好奇的事物，放手讓孩子去執行計畫，同時在孩子遇到挫折的時候給予安慰，帶領他找到方法解決問題，適時鼓勵孩子不氣餒，就可以自然而然建立主動積極的做事態度，養成自動自發的處世習慣。

記憶中，媽媽給我很大的空間做我自己想做的事情，連上幼稚園時我只想念下午班不想讀上午班，媽媽都答應我，我想學畫畫，就幫我找畫室讓我去畫畫，也不會評價我畫得好不好看。學了心理諮商後，我非常感謝媽媽沒有給我一堆禁令，也沒有評價我的好壞，讓我勇於探索世界，雖然過程中我常常迷路，但也養成「想要試試看」的習慣。

倘若這個階段，父母或周遭人禁止孩子做自己想做的事情，並且當孩子做不好的時候，又加以斥責：「這麼沒用」，或是嘲笑他：「羞羞臉」，慢慢的孩子就會養成自責、內疚的負向思考習慣，很容易產生罪惡感。

三到五歲也是練習用語言表達內心感受的重要階段，譬如說，懂得使用情緒的字彙，看到別人的行爲有能力解釋，也可以同理別人的感受。這個時候，爸媽可以示範如何使用情緒語言來表達感受。

●小學階段的情緒習慣

進入小學之後，我們脫離學齡前的幼兒階段變成了兒童，無論在家庭或學校，兒童都會明顯感受到大人的期望和要求越來越多。大部分的兒童都會努力達成大人的期望，以提升自我價值感。

假如努力的結果是成功多於失敗，就會勇於嘗試、敢於進取；反之，倘若努力的結果是失敗多於成功，便會累積大量的「自卑感」與「無能感」，不相信自己的能力。

對自我能力感到懷疑，深信自己比別人來得無能力，就很容易產生「受害人意識」，老是覺得別人在找碴，面對失敗、不順利的時候便歸因給「都是別人害我的」，不僅可以減輕痛苦，更不必承擔失敗的責任。

諮商的過程中，深深覺得，一旦形成「無能的自己」的負向思考習慣，要再轉成「我是有能力」的正向思考習慣，是需要花費很大的力氣調整。

●十二到十九歲青春期的情緒習慣

小學畢業後的十二到十九歲，我們走進充滿懷疑與衝撞的青春期，開始展開一段尋找自己的認同之旅。

從心理健康的角度來看，認不認同自己是很重要的，不認同自己的人就會常常覺得心虛、不安、懷疑，認同自己才能進一步自我肯定，產生踏實、滿足的感覺。

●二十歲到四十歲的情緒習慣

從二十歲到四十歲，長達二十年的時間，是培養穩固親密關係的重要時期，當我們可以跟別人互動交流、分享經驗感受、得到需要的支持與協助時，我們就會感到充實愉快。如果無法跟別人建立正向的親密關係，就會感到孤單、寂寞、疏離。

●四十到五十歲的情緒習慣

四十到五十歲，我們累積了寶貴的人生經驗，進入傳承的階段，這個時候透過教導孩子成爲有用的人，或是當年輕人的領航者，扮演承先啟後的角色，是很有意義的。通常樂於分享傳承的人也會熱愛家庭、關懷社會，對別人負起責任；倘若不願意跟別人分享經驗，就會變得很自私，對別人漠不關心。

隨著年齡的增長，我們會不斷回顧過往的所作所爲，若無論結果如何，我們都接納現狀，也肯定自己的努力，那就會覺得生活充實美好，能夠隨心所欲的過日子。如果對過去發生的事情滿懷悔恨，就會陷入遺憾、失望、懊惱的情緒中。

想要了解一個人的情緒習慣，跟對方聊一聊成長經驗，或多或少都可以得到寶貴的線索。但除了不同年齡階段的生理、心理需求會影響我們的情緒習慣外，主要照顧者的教養方式，也會形成不同的情緒習慣。

不同教養的情緒習慣

通常會過度保護孩子的爸爸媽媽有兩種類型，一種是爸爸或媽媽自己沒有安全感，另一種是過度擔心孩子的安全，但不管是哪一種，爲了避免孩子發生意外，都會限制孩子自由活動，不斷叮嚀孩子世界充滿了危險，久而久之，孩子就會認爲「世界是不安全的」，跟別人相處的時候「防人之心不可無」，隨時都要提防「有沒有不好的事情要發生」，在這樣的家庭氣氛中長大情緒當然很難放鬆。

我爸爸的教養方式跟媽媽完全相反，是屬於「過度保護孩子安全」的類型，爸爸曾經帶著我們全家到野柳海邊旅行。記憶中，我眼巴巴望著爸爸的同行朋友們和一群孩子徜徉於碧綠的海水中逐浪嬉戲，只有我們一家人遠遠地站在岸上，目睹別人享受踏浪玩水的快樂，只因爲父親覺得「玩水很危險」，我們就必須接受這種際遇。

這一幕景象，不僅在我的腦海裡形成永難忘懷的回憶，更令我產生不滿與疑惑：爲什麼爸爸要處處限制我們，不讓我們像別的孩子一樣擁有玩耍的自由，可想而知，在小的時候，我幾乎沒有參加過學校旅行，因爲爸爸怕我發生危險。

此外，爸爸的過度保護還包括「不讓我單獨過馬路」，爲了避免我發生任何意外，從小我都是坐特約專車上下學，並且每搬一個家我就要轉一所學校，長大之後我才發現這些學校全部都在台北市大安區，光是小學時代我就轉了五個小學，好不容易跟同學熟悉了又要轉學了，直到國中才安定下來。

這個百思不得其解的疑惑，在整理父親遺物時得到了答案。

曾經聽姑媽提過，我爸爸十幾歲時一個人來台灣探視姊姊，從此便因兩岸政治情勢的阻隔，讓他一夕之間失去了所有。雖然爸爸從來沒有提過這段歷史，但是恐懼感和失落感，卻已深埋他的心裡，以致往後的歲月，父親會如此珍惜他所擁有的每一樣東西。

●受到過度保護的性格特質

受到過度保護的孩子，因爲大人沒有給他自由體驗各種活動，可能學不到獨立自主，也會害怕自我決定。

父母採取過度保護子女的教養習慣，很容易養成孩子低成就的性格特質，面對不同的狀況都表現出無聊、沒興趣的反應，情緒容易感受到焦慮、不安，對自己的能力評估也傾向於低估自己的表現，對父母師長以消極對立的態度應對。

爸爸媽媽擁有不同的教養態度，根據我個人的親身經歷，好處是可以獲得平衡，讓孩子有不同的學習對象；但也有可能讓孩子無所適從，不知道要聽誰的比較好。從小到大，我對父親的印象一直停留在既嚴肅又嚴格的軍人形象。基於這份敬畏，使得我與父親的關係始終維持著一段客氣的距離，很少主動了解父親的想法和感受。

●過度溺愛放縱的性格特質

跟「過度保護孩子」的父母相反的是，「過度溺愛放縱孩子」的爸爸媽媽，父母允許孩子得到所有想要的東西，無論對孩子有幫助或是有害的，通通滿足孩子的欲望。

生長在予取予求環境中的孩子，一點都不加以限制，一旦環境無法滿足他，或事情不照著他的意思進行時，就可能無法接受挫折，也不能忍受失望的感覺，他們多半欠缺爲別人著想的能力，凡事都以自我爲中心，理所當然對別人提出各種要求。也因此，他們在團體中會漸漸吃不開，當別人發出「不歡迎的訊號」時，他們對別人的不信任感跟不安全感也會直線上升。

●父母教養態度一致的重要性。

如果父母教養孩子的態度一致、標準一致，都是既能慈愛也能嚴格，孩子比較不會養成「陽奉陰違」，或是「只怕爸爸不怕媽媽」，或是「只愛媽媽不愛爸爸」的兩極化親子關係。

倘若孩子成長過程中有「只打爸爸不打媽媽」的狀況，就不單只是父母教養態度不同這麼簡單，有可能是孩子看到爸爸就引發憤怒的情緒，而這股怒氣又轉成肢體發洩，變成以暴力打爸爸，需要深入了解孩子憤怒情緒的緣由，再找到消化怒氣的有效方式。假如不理解行爲背後的原因，一味用嚴厲高壓的方式糾正行爲，只會激發更大的怒氣，產生更強的憎恨心理。

掌握情緒習慣的重點

想要深入了解一個人，觀察他在不同階段、不同狀況的情緒習慣，都能幫助我們做出正確的判斷，避免看走眼的風險。

這裡提供四個掌握情緒習慣的重點：

1. **引發自己跟對方情緒反應的刺激源是什麼？**

2. 自己跟對方情緒的按鈕是什麼？當事情沒有按照預期進行時，會有什麼情緒？什麼狀況下會理智斷線？

3. 有情緒的時候會說些什麼？做些什麼？伴隨情緒而來的行爲反應是什麼？

4. 家人之間的情緒習慣是什麼？有沒有使用暴力發洩情緒的習慣？對家人有沒有同理心？

只要掌握這四個重點，不忽略對方情緒的變化，大致就能夠預測對方的情緒反應，有助於做更好的溝通。

情緒習慣影響我們的範圍既深且廣，不只關乎心理健康，也觸及人際關係，更決定我們的行爲習慣，如果發覺自己對某些事物有莫名的恐懼情緒，或對某些事物有偏執的成癮行爲，都不妨回溯過往的情緒記憶，或許可以解開封存在潛意識的情緒奧祕，找到改變現在行爲的關鍵鑰匙。

分析：爸媽情感衝突、離異對孩子情緒及人格的影響

爸媽的感情和不和睦，家庭氣氛溫不溫暖，或多或少都會對孩子的情緒習慣、人格特質

產生影響。譬如說，家人之間常常發生嚴重衝突，大聲互罵，總是爲了金錢點燃戰火，長期以往就可能會導致孩子憂鬱情緒，反社會的行爲習慣也可能比較多。

持續不斷的家庭衝突，無論是言語爭執或是肢體暴力，都可能讓孩子在跟兄弟姊妹、同學朋友互動的時候有較多敵對、侵略的狀況。還有經常處於爸媽婚姻衝突中的孩子，也很容易出現調適不良的狀況，像是陷入沮喪、焦慮的情緒中，或是有外顯的行爲問題，同時也會降低行爲的成熟度，無形中更減損了親子關係的品質。

另一個常見的狀況是，如果爸媽離異的過程中引發大量的衝突與情緒風暴，孩子在情緒上比較容易感受到焦慮、憤怒或是沮喪，人生的旅途中較容易陷入憂鬱、孤單、無助、羞辱、自貶、罪惡感中。

在情感上則容易產生矛盾、被忽略的感受。在行爲上會不知何去何從，有的孩子會出現逃避行爲，也有可能會變得愛發牢騷、愛反抗，對人沒有禮貌，或是對父母無言的抗議。

離婚過程降低對孩子的衝擊

當父母處在敵對和衝突的關係中，如果又分開居住兩地，會讓孩子有「夾在中間」的感覺，讓孩子處於高度壓力不僅很容易導致孩子適應不良，更會造成心靈創傷。所以，即使察覺雙方個性不合，不得不離婚，最好還是透過婚姻諮商的歷程和平理性的分開。

離婚後雖然夫妻關係結束，但父母關係仍持續合作，想要降低對孩子的心理衝擊，最重要的是雙方都以孩子的需求爲中心，清楚而堅定的讓孩子了解：「爸爸媽媽對你的愛不會改變。」

「愛的保證」能夠讓孩子放心：「爸爸媽媽不會因爲分開，而忽略、減少對你的愛，我們依然會在你的生活中扮演重要角色。」

如果孩子認爲是自己造成爸媽離婚的，更需要讓孩子知道：「不是因爲你的關係。」可以說明：「爸爸媽媽有努力過，可是有些地方無法克服，才會選擇分開。」

由於父母離婚後孩子需要調適的地方實在太多了，所以，爸爸媽媽最好討論出一個讓孩子經歷最少變動的方案，倘若離婚後孩子要跟著轉變生活環境、主要照顧者、轉學離開原本的同學老師，讓孩子同時經歷多重失落的事物，就可能超過孩子心靈的負荷範圍。

盡可能讓孩子知道未來會發生什麼變動，不確定感會引發高度焦慮，清楚明白每個變動，有助於孩子降低焦慮感。有些爸爸或媽媽爲了降低自己的罪惡感，會想要隱瞞父母離婚的事實，這種做法很容易讓孩子遭受二度傷害，破壞對人的信任感。

爸媽離婚後要觀察孩子的適應狀況

爸媽離婚之後，對年齡越小的孩子影響越大，不但會出現明顯的痛苦情緒，也比較容易有罪惡感，覺得爸媽離婚是自己造成的。

假如孩子的個性比較執拗，爸媽離婚的衝擊就更大了，他們有可能會出現反覆無常的行爲，不斷激怒照顧者，會比個性隨和的孩子需要更長期的調適。但即使孩子了解爸媽離婚的原因，情緒沒有那麼痛苦，父母還是要觀察孩子的適應狀況：

* 有沒有情緒壓力？
* 有沒有隱藏性的心理創傷？
* 表達情感是順暢還是有阻礙？
* 進入青春期有沒有學習困難或是心理苦惱的狀況？
* 對婚姻有沒有危機意識，擔心自己的婚姻會不幸福？

◀ 分析：重大創傷事件影響情緒習慣

成長過程中經歷的重大創傷事件，更會影響我們的情緒習慣。

不過，一次性的驚嚇經驗，大概不會對孩子的情緒造成長久的影響，但如果長期處於飽受驚嚇的情緒中，就有可能對心理造成嚴重影響，也會降低孩子的適應能力。

舉例來說，身體受虐兒多半有較高的憂鬱、自我傷害與自殺的意念，或是較多的自我懷疑、羞愧感、無價值感、無助感、被動、缺乏自發性。同時在行為上也有較高比例的衝動控制、過度活動、過度興奮等情緒議題。

身體受虐兒由於對他人抱持較負向的看法，與他人相處時較缺乏信任感，習慣與人保持較疏遠的距離，或是呈現出較多的憤怒、焦慮與攻擊行為。

從實務經驗中發現，有些受虐兒童會被施暴者威脅不能告訴別人，不然就會受到更嚴厲的處罰。在高壓的狀況下，身體受虐兒可能不是用語言來告訴別人自己的遭遇，而是用肢體攻擊或是搗蛋不乖的行為來反應內在的憤怒與恐懼情緒。因此，當周遭大人覺察孩子的異常行為時，最好深入了解隱藏在行為背後的原因，以免錯失協助孩子的關鍵時刻。

孩子受傷的感受往往會埋藏在憤怒底層，對於內心充滿恐懼感及不安全感的兒童，可以透過繪畫或黏土來觀察孩子的情緒變化。通常受虐兒童不會自發性畫出受創的經歷，繪畫時可能常會選擇黑色或是紅色蠟筆，有些會畫得很快，或是缺乏細節，舉例來說，曾經有身體受虐兒嘴巴被貼上膠帶，而在畫人物時都沒有畫嘴巴。事實上，不少受虐兒在面對或討論受暴情境時，會表現出退縮或害怕的情緒，極力想要避開危險情境，或是創造出超人角色，保護自己免於暴力對待。

分析：青少年的情緒習慣

由於青少年的身心同時面臨「不等速」、「不均衡」的劇烈變化，情緒常常會陷於緊張衝突的狀態下，由於缺乏因應之道，青少年往往會採用極端的方式來宣洩情緒。

根據多年心理諮商經驗，我歸納出國高中階段青少年最容易出現下面這幾種情緒習慣：

第一種情緒特質是害怕，青少年最怕被人批評、被人輕視，尤其是當自己的「害怕」被別人發現又加以嘲笑時，殺傷力最強。

另外青少年也會恐懼陌生的事物，害怕以後要面對的問題比現在多，一想到未來困難重重，覺得自己沒有能耐面對，乾脆放棄算了。

第二種情緒特質是羞愧，青少年最討厭「丟臉」和「糗大了」的感覺，譬如說看到別人學得又快又好，自己卻學不會，青少年常會在心中痛罵自己：「我眞是笨！」「我好無能！」「我好遜！」甚至有青少年會因爲覺得「無地自容」而想不開。

第三種情緒特質是憤怒，很多青少年都會出現鬧彆扭、頂撞師長、跟兄弟姊妹爭執的情況，特別是當行動受到限制，例如想買手機家長不答應、想玩電動家人不同意，或是感覺被人欺騙時，更會產生「報復式」怒氣，做出非理性的行爲。

再者，如果父母要求太過嚴格，像是規定孩子要考到幾分，少一分打一下，或是自己沒有做的事情卻被責怪，很容易引發混合著委屈的悲憤式怒氣，氣到想以死抗議家長的高壓與期望。

青少年常見的第四種情緒特質是憂鬱沮喪，自覺不被家人同學尊重，或沒有被愛的感覺，陷入孤單的情緒中；或是自覺考上不理想的學校、被迫去上一所不想上的學校、或自覺「沒有天分」，久而久之就會變得憂鬱和悲傷。

家有青少年的父母師長，常常覺察孩子情緒的狀態與轉變，把孩子的情緒反應，當成雙方學習成長的最佳機會，而不要試圖阻止或壓抑孩子的情緒。同時帶領孩子練習表達情緒，適時說出內心的需求、情緒、感受和想法，才不會凡事悶在心裡，讓父母師長猜不透，只能在旁邊乾著急。父母師長不妨多使用思考性語言，避免使用責備性語言，舉例來說，當青少年階段的孩子口氣不佳的時候，責備性語言是：「不要用那種語氣跟我說話。」思考性語言是：「我感受到你有情緒，等你沉澱一下，我很願意聆聽你的想法。」

父母師長使用責備性語言交代事情，雖然孩子會照著父母師長的意思做，但卻會累積大量氣憤的情緒，或是偷用不符合父母師長要求的方式做事，來奪回一些掌控感。

當父母師長聽到青少年孩子有自我傷害的念頭或語言時，可以秉持「四不原則」來處理危機狀況，父母師長不要否認青少年孩子想要自殺的真實感受：「你不會這樣做，那不是你的意思吧！」父母師長也不要被嚇到了，以免慌了手腳，不能有效的協助孩子。更不要責備或羞辱孩子：「你眞是不孝！」「你只會逃避問題！」「你怎麼那麼笨！」也不要論斷自殺是對或錯：「你這樣做對嗎？」

先確認青少年孩子的情緒，再同理他的感受，陪伴孩子一起面對問題，解決困難，讓青少年孩子逐步學會因應生活中的大小挑戰。

◀從戀愛對象看內在需求

從一個人選擇的戀愛對象，不僅會反映出內在的需求，更能呈現理智與欲望的衝突，以及對愛情的想法和觀點。所以，如果老是愛上同一類型的對象，就要問問內心：情人吸引自己的地方是什麼？只有深入了解自我的渴望、欲望與想法，才有可能修正需求，改變眼光，重新選擇適合自己的對象。

我看過很多人一談戀愛，就變成無所不能的救世主，不論親密愛人提出什麼要求，都會義無反顧地爲對方實現夢想，盡其所能地幫對方解決問題。

或許有人會不以爲然地反駁：「我才沒這麼偉大。」但有時也不得不承認：愛情的力量眞的很偉大，因爲不管如何的提高警覺，依然會在愛神的感召下，迷迷糊糊地做出許多連自己都覺得不可思議的事情。

令人好奇的是，什麼樣的人格特質善於讓情人爲自己付出一切？根據我多年的觀察發現，下面這幾種男人最容易讓女人暈頭轉向，莫名其妙地爲他做牛做馬。

專情而執著的失戀男人

所謂惻隱之心人皆有之，特別是女性在面對一個看起來專情而執著的失戀男人時，更是會大發慈悲心，不但無條件讓對方傾倒大量的感情垃圾，最後乾脆自我推薦成爲下一段戀曲的女主角，以便繼續提供源源不絕的愛心。

除了同情的因素外，癡情男子之所以會讓女人心疼，當然是期望將來他也會對自己如此死心塌地，不必擔心他會愛上別的漂亮妹妹。

傷痕累累的已婚男人

一個從事會計工作的好友，有天帶著驚懼的表情跟我說，她的男同事在下班後閒聊的時候，一邊悲傷地述說自己不幸的婚姻故事，一邊掀起自己的襯衫，露出滿是瘀青與齒痕的腹部，看得她耳根發燙、心驚肉跳。

而爲了解救這位遇人不淑的男同事脫離苦海，好友不但提供精神援助，最後甚至以身相許，結果連自己也沉溺於愛情的苦海中不可自拔。

這樣的故事情節聽起來就像八點檔連續劇，但現實生活中我不知道聽過多少回。聽到可憐故事的時候，最好具體了解整個過程，不少人在敘述自己的故事時都會放大自己被傷害的部分，而刪去自己做了什麼傷害別人的事情，才會引發別人不滿的情緒。從對方所描述的親密互動細節中，再慢慢印證對方可憐狀況的發生脈絡，從過去、現在到未來，是如何演變爲可憐的劇情，就可以幫助自己辨別眞實狀況，做出明智的抉擇。

到處找愛與溫柔的剛離婚男子

剛離婚的男人就像走失的孩子急著找媽媽一樣，他會帶著一雙無助的眼神，四處尋找能聽他傾訴、給他溫柔的媽媽型女人。不過，雖然剛離婚的男人會急著找媽媽，可是，他卻不一定只認定一個女性是唯一的媽咪。當自己把他照顧得無微不至的時候，很可能會意外地發現，他還有一籮筐的乾媽、奶娘、後母、大媽……，讓人心痛不已。

生病或愛撒嬌的小男孩

男人不管再堅強獨立，當他生病的時候，往往會在瞬間變成三歲小男孩，非但需要親密愛人的細心照顧，帶他去看醫生，更渴望女人的溫柔關懷，以及耐心的呵護。通常這類型的男人都很會撒嬌，讓女人毫無招架之力，心甘情願地當他的免費特別護理師。

記得有次和一位女性朋友相約吃晚餐，席間好友的行動電話響了。先是見她輕聲安撫電話彼端的人兒，接著又忙著哄對方說：「待會兒帶冰淇淋給你吃，乖乖喔。」

等她掛上電話後，立刻以略微無奈的口吻跟我們解釋：男友生病發燒，必須馬上買冰淇淋給他降溫才行。望著朋友乞求的眼神，大家都很上道地說：「我已經吃飽了。」一頓價值不菲的晚餐便這麼草草結束。由此可知，愛撒嬌的小男孩的魅力有多大。

愛撒嬌的女生惹人疼愛，愛撒嬌的男生也讓人無法拒絕，差別在於，男生撒嬌的方式跟女生不同，男性在外面衝鋒陷陣時習慣隱藏自己的情緒，回家後卸下面具盔甲時會展現自己柔弱的一面，生病時跟情人撒嬌討關愛；疲累時則是懶惰不聽話要另一半包容自己；吵架時不講一句話只用乞憐的眼神看著伴侶，要對方理解自己內心的苦悶。

男生另一種撒嬌的方式是，得到榮耀開心的成就時，會想飛奔回家跟情人分享，所以，當男生興奮講述他覺得很厲害的事情時，代表他正在跟情人撒嬌，渴望獲得肯定，這個時候最好別否定他的成就，多多給他正向的回饋。

床上功夫一級棒的男人

一個家境頗爲富裕的朋友，爲了幫助游手好閒的男友做生意，經常編織各種一聽就是假的藉口跟父母騙錢。一下子是她開車撞到別人急需用錢；一下子是她的房租被偷需要家裡支助。

她雖然明知自己這樣做對不起爸媽，可是，她亦理直氣壯地表示：「反正家裡不缺這點小錢，但男友沒有她的支助卻會活不下去。」這位女友的媽媽氣得痛罵她：「是不是他床上功夫很行，才把妳迷成這樣？」

有一次和一個戀愛經驗頗爲豐富的朋友聊天，他跟我說，有些男人不管從哪個角度看都一無是處，偏偏就是有條件不錯的女人愛他愛得半死。碰到這種情形，大家都會說「這個女人是前世欠那個男人的」，但他認爲眞正的原因是：這個男人的床上功夫很厲害，才會讓女人失去理智地愛他。

從心理的角度來看，與其說是床上功夫很厲害，不如說這樣的男性知道要滿足女性身體與心靈的感受，一般男性都比較關心技巧，而女性更關心愛意和感受，透過性愛讓女性感覺自己很有魅力，或是在親密互動的過程中，努力讓女性的身心享受愉悅的過程，如此會盡力取悅女性的男性，自然會讓女性離不開他，無論周遭人如何強力反對，都會讓女性挺身捍衛愛情。

期望女性包辦一切的男人

有些女性爲男人所做的事早已超出媽媽的能力範圍，不只日常生活中的大小瑣事皆一手

●一是邊做邊怨的習慣

無時無刻不在期待對方能夠感恩圖報，偏偏對方的良心被遮蔽了，覺得自己爲他做的一切都是理所當然。

即使自己不厭其煩地提醒他：「我爲你犧牲那麼多，你有點良心沒有？」或「我什麼都給你了，你還要我怎樣？」對方卻依然無動於衷。

●二是渴望「被需要」的習慣

有些人極度渴望「被需要」，最討厭伴侶變得獨立自主，不再需要自己，一旦對方想要擁有獨處的時間，期望跟朋友互動，就會陷入空虛不安的狀態中，完全否定自己的價值。

有些當事人來諮商時，會困惑的問我：爲什麼自己總是碰到走不過去的感情關卡，或老是出現相同的感情困擾？這表示你可能忽略親密關係中的重要訊息。

感情運好不好，其實和運氣無關，而是跟你了不了解自己跟情人，懂不懂得維繫感情的技巧有關，不同的愛情價值觀，會導致不同愛情的結果和挫折。

幾乎所有的感情議題，都和心理需求與溝通技巧息息相關，對自己越了解走得越輕鬆，對情人越了解走得越順利。

在愛情的旅途上，不同時期，不同狀況，不僅需要了解自己的感情需求，也需要掌握對方不同的心理需求，雙方才能彼此理解、及時調整，自然會有不同的結果。

從寵物洞察心理需求

不少人都以爲會養寵物的人很有愛心，這要看主人背後的心理需求而定。根據我的長期觀察，大部分養寵物的人都是基於某種心理需求：有些人是爲了排遣內心的寂寞；有些人是爲了找個虐待的對象；有些人是爲了炫耀自己的身分地位；也有些人是爲了追求新鮮刺激。特別是在人際關係緊張的都會區，人們養寵物的目的多半不是生活需求，譬如，幫主人看家，趕羊群，或耕田，而是心理需求，譬如，逗主人開心，聽主人哭訴，或是當主人的出氣筒。

像世界第一大都市紐約，便有不少忙得沒有時間交朋友、談戀愛的單身男女們，養隻寵物「自我安慰」。過度依賴寵物陪伴的主人，一旦面臨寵物生病，主人往往會產生高度的分離焦慮，無法接受寵物離開。

很多主人會把寵物擬人化，把自己的情緒投射到寵物身上，覺得寵物有靈性，懂得主人的心思，自覺理解寵物的心理及感受。

現在也有越來越多人把寵物當成孩子般疼愛，寵物是主人的毛小孩，主人們對毛小孩的寵愛，幾乎已經到了無微不至的地步，送寵物去美容院打扮健身；帶寵物參加動物們的社交活動；出入有專車接送，還有專人帶寵物去散步順道方便一下。

何以主人們要對寵物這麼好？不是因爲他們錢太多，而是因爲他們實在太依賴寵物的安慰了。

最有意思的是，主人和寵物長期相依爲命，雙方的行爲舉止往往會越來越像。有次到朋友家去作客，發現他家的波斯貓和他有相同的習慣動作：不由自主的托腮沉思。當主人和寵物一起托腮沉思，那幅畫面是多麼地不可思議。

有句俗話：「什麼人玩什麼鳥」，這句話眞的很有道理。因此，如果你想在最短的時間內，知道你剛認識的異性朋友將來會怎麼對待你，別忘了，想辦法看看他是如何對待動物的。

虐待動物的人

記得多年前，有次和一票朋友到風光明媚的海邊度假別墅過周末。就在大家換好性感的泳裝，套好輕鬆的海灘裝，嘻嘻哈哈前往海邊玩水的途中，有人發現了一隻渾身濕淋淋的落水狗，大家不約而同停下了腳步，你一言我一語地討論該如何幫忙這隻小狗狗。

沒想到，正當我們埋首在包包裡想找點零食給小狗狗果腹時，有個平日脾氣溫和的朋友，竟然對著小狗邊跺腳邊大聲咆哮，嚇得那隻小狗當場尿失禁，渾身顫抖地灑了一地尿。

更驚人的是，這個平常說話輕聲細語的朋友看到小狗驚嚇過度的反應，竟足足興奮地笑了十分鐘。我永遠忘不了他那張兩眼發亮的滿足表情，至今想起來都覺得不舒服。

所以，千萬不要以爲脾氣好的人就會對你好，在我認識的人中，就有不少人是只對「外人」好，而不對「自己人」好的，越是跟他們關係親密的人就越倒楣，他們會將所有「不敢對別人發的脾氣」都發洩在親密愛人身上。

我看過很多人面對寵物吠叫的時候，會採取各種不同的方法管教寵物，最常見的是罵牠、打牠、踢牠；也有主人會給寵物帶口罩，避免寵物傷人或吵到別人；亦有人會試圖用電擊項圈來控制寵物；甚至有主人會想要用外科手術割除寵物的聲帶；還有些主人會直接把寵物棄養。

有次到一個朋友家做客，一進門就看到他們家的魚缸上站著一隻楚楚可憐的小狗，牠的四隻腳剛好站在魚缸的四個角上。

看到這幅莫名其妙的畫面，我好奇地問朋友：「你在幹什麼啊，訓練牠的膽量嗎？」朋友用有點邪惡又有點幸災樂禍的口吻說：「誰教牠要犯錯，現在牠正在接受『處罰』。」

看到他用這麼不人道的方法處罰小狗，萬一哪天不小心惹他生氣，眞不知道他會想出什麼刑罰來虐待別人。光是想想，就讓人不寒而慄，還是趁早跟對方保持距離以策安全。

此外，不少會打動物的人也可能會打老婆、打小孩。有個朋友經常被老公打得青一塊、紫一塊的，有次她跟我訴苦的時候，無意間講了一個暴力老公虐待動物的故事。

故事的大綱是：她老公曾經為了打一隻狗，而把自己的小腿弄成骨折。這個朋友非常懊惱地表示，如果她早知道，會打動物的人也會打老婆和小孩，她絕不會選擇嫁給有暴力傾向的人。

千萬別小看虐待動物的行為，在《DSM-5精神疾病診斷準則手冊》中，只要滿六歲以上，會以肢體攻擊或傷害動物的人，有可能是間歇暴怒障礙症（Intermittent Explosive Disorder），也有可能是行為規範障礙（Conduct Disorder），不可不慎。

養觀賞型動物的人

許多養狗的朋友都曾跟我透露，在家時他們最喜歡跟自己的愛犬耳鬢廝磨，又親又舔地一起玩耍。

根據我的觀察，喜歡跟寵物有親密肌膚接觸的人，在跟朋友互動時，特別是親密愛人相處的時候，亦喜歡藉著各種肢體和肌膚的接觸來表達自己的感情和愛意。譬如，看到好久不見的朋友，立刻給對方一個熱情的擁抱。

相反的，喜歡養觀賞型寵物的人，就不太習慣跟別人有太過親密的肌膚接觸。一旦有人在沒有告知的情況下給他一個熱情的擁抱，那可能會讓他全身僵硬。

還有，養觀賞型寵物的人多半也不喜歡太過吵雜的環境，他們最愛安靜中帶著一絲自由氣息的環境。

像我認識不少養魚的朋友，都有前述兩種現象。他們不管外在表現得多麼活潑，當有人想要進一步碰觸他們時，他們就會很有技巧地躲開，較少會迎上前去和對方抱成一片。碰到習慣和別人保持一點距離的人，要尊重他的身體自主權，並且耐心等待他習慣你的存在。

喜歡帶寵物到處炫耀的人

有些人養寵物是抱著趕流行的心理，既然大家參加社交聚會都帶動物，自己也要養隻寵物展現自己的獨特品味不可。

一般而言，喜歡帶寵物到處炫耀的主人，挑選寵物就像挑選服飾一樣，一要好看，二要名牌。因此，他們往往會花大筆金錢去買隻昂貴的純種狗，當他們在介紹自己的寵物時，也會用虛榮的口吻說：「你知不知道牠的身價，高達十萬塊耶，跟我身上的名牌一樣貴，偏偏我就只喜歡牠。」一邊說還一邊露出陶醉的表情。

喜歡到處炫耀寵物的人，和情人交往時，大概也會帶著情人到處炫耀。倘若不喜歡成爲別人的展示品，那最好換個喜歡養流浪動物的情人。

因爲會養流浪狗的人，多半是眞正喜歡狗的人，他們一旦找到自己喜歡的對象和生活方式，就會心滿意足地過著平凡的生活，而不會羨慕別人的生活模式。

喜歡養忠狗的人

會重視寵物忠誠度的人，無論是交朋友或找情人，亦會很注重對方的忠誠度。對他們來說，好寵物的首要條件便是忠心耿耿，最好像電視或電影中的靈犬一樣，會跟前跟後地保護主人安危，反應靈敏地看顧主人財產，隨時隨地注意陌生人的動向，這樣他們才會覺得沒有白養寵物一場。

而除了要求寵物忠心、朋友要忠誠、情人要專情之外，喜歡養忠狗的人多半對家庭和事業亦很盡忠職守。

有個朋友對老闆的忠心程度幾乎到了赴湯蹈火在所不惜的地步，只要有人在他面前說一句老闆的壞話，那他就會跟對方翻臉，不管對方跟他的交情多好；若是有人膽敢做出對他老闆不利的事情，那他肯定會跟對方拚命。即使有時候老闆因爲情緒失控而對他大呼小叫，他依然態度恭敬，沒有半點怨言。

養敏感型寵物的人

我曾經碰過一個緊張兮兮的鄰居，不但他們家的狗聽到任何動靜便吠個不停，這個鄰居更是對任何一點聲響都無法忍受。

有次我因走路聲音太大吵到他，他竟守在家門邊等我出門，一聽到我開門的聲音，他也立刻衝了出來，然後神祕兮兮地跟我一起進電梯，就在電梯門關閉的一剎那，他火速地把每一層樓的燈都按亮，再對著我露出勝利的笑容。

住在這位鄰居家樓上的住戶遭遇比我更悲慘。由於他受不了樓上住家的走路聲，其實只住著一位行動不便的老媽媽，和一個必須早起上班的女兒，他竟然想出每天拿竹竿敲對方天花板的報復手段，讓對方精神緊張，瀕臨崩潰邊緣。

所以，當你發現你交往的情人特別怕吵，一點聲響就讓他坐立難安；或是晚上經常睡不著，而且把睡不好的原因都推給周遭環境；或是常常覺得有人要陷害他，像某某人嫉妒他的才華想要對他不利；就要注意，他們的情緒通常都起伏不定，與人相處缺乏安全感，容易產生攻擊的驅力。

收養流浪動物的人

看到流浪貓或流浪狗就忍不住想把牠們帶回家的人，多半都有個愛心水龍頭，他們不只對動物充滿愛心，對不幸的人亦頗富同情心。但也正因爲他們太有慈悲心了，所以非常不善於拒絕別人，只要一看到別人哀求的眼神，也不管自己能力如何，即想要傾囊相助。

還有些主人是把自己人生不公平的境遇投射在流浪動物的身上，看到動物被人欺負，便會勾起自己以前被欺負、被霸凌的經驗，進而挺身保護牠們。

我曾到美國的一家動物孤兒院去參觀，亦即台灣的流浪動物之家，裡面的工作同仁絕大多數都是喜歡動物的志願義工。

其中有個十二歲左右的小男孩讓我印象深刻，他的懷裡抱著一隻黑色的小貓，他一邊用手指輕柔撫摸小貓的背脊，一邊態度恭敬地跟過往的參觀者，介紹這隻小黑貓有多麼乖巧可愛。幾乎每個看到小男孩那雙蓄滿愛心眼神的人，都忍不住想把小貓帶回家撫養。

我想，對動物這麼溫柔多情的人，長大以後也會對他的情人同樣溫柔體貼。

熱愛動物的人多半無法忍受討厭動物或是對動物缺乏愛心的人。周遭很多朋友都會觀察獸醫是不是發自肺腑愛動物，還只是爲了賺錢，譬如說，他們會觀察獸醫愛不愛撫摸動物，能不能感受寵物的痛苦，如果發現獸醫不愛動物，那即使路途遙遠他們都會換獸醫師。

家有惡犬的人

偶爾會在路上看到有人家的門口掛著「內有惡犬請勿進入」的牌子，強烈宣告「未經許可不准進入」的訊息，一方面嚴防有人危害到他的人身安全，另一方面會決不手軟的攻擊進入者。

雖然也有主人明明養的是可愛的小型犬，卻要在門口掛「內有惡犬請勿進入」的牌子，意圖達到遏止偷竊、歹徒入侵的效果，但若主人眞的飼養凶暴的惡犬，就務必提高警覺，因爲他們可能是人際關係疏離，社會適應不良，對周遭人充滿敵意的危險分子。

像有些主人會放任寵物咬傷路人、小孩、郵差，表面上是寵物闖禍，其實代表主人對別人既不友善，亦沒有同理心。

喜歡養貓的人

英國知名的天才作家吉米・哈利（JAMES HERRIOT）在他所寫的《夜夜交際的貓》這本書中，不僅文筆生動地描寫各種不同類型的貓和主人的相處情形，同時也很傳神地形容主人和貓兒的長相和舉止有多麼相像，彷彿是一個模子刻出來的一樣。

由於我身邊愛貓的朋友很多，這本書非但讓我對貓兒有進一步的認識，更讓我對牠們的主人有深一層的了解。

我發現，喜歡養貓的人多半都有獨特的個性，但獨特並不等於古怪，只是跟別人有點不同罷了。

像我有個朋友就屬於俠客型的人，喜歡獨自四處流浪，最討厭跟一群人攪和在一起。有趣的是，他養的貓也有相同的習性，喜歡單獨在屋內屋外走來走去，一個不留神，就不知道他遊蕩到哪裏去了。

儘管美國有句比喻「貓狗大不同」的諺語「熱狗冷貓」（Hot Dog Cool Cat），但倘若養貓的主人是一個熱情如火的人，那這句諺語就要改寫了。

有個朋友即是屬於這種熱情有勁的人，他養的兩隻貓和一隻狗都和主人一樣流著相同的熱血。有次我去他家玩，他的貓不但熱情的迎接我，更在我的腳邊來回摩挲，那股熱勁，眞教人難以招架。

還有個朋友曾痛苦地告訴我一個讓他畢生難忘的成長經驗，即使已歷經多年療傷止痛的歲月，想起來依然令他難以釋懷。朋友小的時候有次搬家，他的父親爲了省事，便將他家的小狐狸狗用鍊子拴在摩托車後面跟著跑。坐在後座的他眼看著小狗因爲趕不上摩托車而氣喘吁吁，遂忍不住代替小狗向父親求情：「爸，小狗好可憐哦！」沒想到話還沒講完，爸爸竟毫無緣由地給了他火辣辣的一耳光，讓他當場嚇呆了。

透過寵物療癒身心

諮商的過程中發現，憂鬱的主人如果有寵物陪伴，無論帶著寵物去溜溜，或是照顧寵物，或是去騎馬，跟動物互動、肢體接觸，都會對身心健康有很大的幫助。

我曾經遇過一隻狗狗心理醫師，跟牠互動的過程，會感受到被無條件接納、溫暖、安全，立刻心情好舒暢。

說了這麼多什麼人養什麼寵物的故事，不知是否聯想到自己親眼目睹、親耳聽到的寵物故事。有的話，不妨將你看到的線索先儲存在腦中，再利用機會慢慢觀察對方的言行舉止，相信必有所獲。

容易心軟的人格特質

一個擔任主管的朋友，爲了展現開明作風，便向全公司的同仁公布自己的手機號碼，原本期待能藉此聆聽基層同仁的聲音，協助他們排難解紛，不料卻意外成爲「檢舉熱線」，每天光接聽同仁們的申訴電話，就讓朋友一個頭兩個大。

後續發展越來越出乎意料，爲明辨是非，逼不得已，朋友只好充當偵探，努力查明事實眞相，以還給同仁們一個公平無私的上班環境，偏偏事與願違，越努力越混亂，最後只好豎白旗投降，結束熱線也終止夢魘。

經過這次教訓，朋友得到一個啟示：做人既不能耳根子軟，也不能太過心軟，否則就會讓自己陷入痛苦深淵，動談不得。

從心理諮商的角度來看朋友的困境，我發現一個很有趣的現象，當人際關係「界線不清楚」的時候，即是苦難的開始，不僅別人很容易入侵自己的生活，逐漸喪失隱私權，更可能會因彼此過度關切，而阻礙了成員們的自我發展，碰到困難就想找人來收拾善後。

所以，領導者最好不要太過心軟、太沒原則，無論家庭或公司，過度緊密、沒有界線的關係，都很難鍛鍊出獨立自主的成員，表面上看起來向心力好像很強，實際上爲了爭寵反而會彼此攻擊，製造無謂的糾紛與情緒。

苦苦哀求，引發罪惡感

另一種會讓人心軟的狀況是，碰到對方苦苦哀求，感覺自己如果不出手相助，就會後悔一輩子。

我認識一個朋友，有天夜裡接到一位遠親的求救電話，對方邊哭邊說：「實在想不出來還有誰可以救自己一命，只有你能幫這個忙，我現在人在地下錢莊手中，對方威脅若不立刻還錢，就要給我斷手斷腳……怎麼辦，我眞的走頭無路了……」

人命關天，總不能眼睜睜看著親戚變成殘廢，朋友一時心軟，沒有多做思考，就答應對方籌錢救人。結果對方一拿到錢，便從地球上消失，再也不見人影。這下情勢逆轉，換成朋友跟親戚哭訴求援。

基本上，「裝可憐」的人就是利用別人的「罪惡感」來操控對方，他們不會直接說出自己的想法和需要，卻會藉著一句又一句的「可憐台詞」試圖讓別人「良心不安」，進而了解他們的心意，滿足他們的需要。

要分辨「裝可憐」與「眞可憐」有什麼不同的話，我的觀察是，「裝可憐」的人講完故事後，會讓你覺得「自己必須爲對方的悲慘遭遇負責」，或「至少也要略盡一點心力」。

假使不想受制於這些「僞裝的可憐人」，就需要狠下心來告訴對方：「我的能力有限，沒有辦法按照你的期望幫助你，我只能夠做到什麼。」只有面對並承認自己「能力有限」，才可能甩開罪惡感的糾纏。不管對方跟自己的關係多親密，對我們的恩情多深厚，都要在「能力範圍」內協助對方、關愛對方，太過氾濫的「同情心」，反而會讓對方失去功能，無法自己解決困難。

心太軟，小心惹禍上身

有句話說：狗急跳牆，當人們長期處於危急狀態，就可能會扭曲人性，做出傷人害己的事情。

社會新聞的版面上常常出現這種情形，譬如，長期失業的兒子天天伸手跟父母要錢，等到父母散盡家財，無力供養兒子時，兒子卻恩將仇報，以暴力傷害一無所有的年邁父母。

通常會以暴力威脅別人的人，多半經不起任何一點挑釁，只要被他們嗅到一絲絲敵意，他們就會毫不留情地用暴力攻擊對方。不過，別以爲他們膽子大、勇氣足，剛好相反，他們的內心都非常懦弱，很害怕會失去唯一的靠山，一察覺靠山不再支持自己，他們就會發起激烈的生存保衛戰；而且對他們越好的人，受傷越重。

看過無數悲劇後，我得到一個啟示，對上門求助的親朋好友，與其提供金援，不如激起對方的生存鬥志；一開始就坦承自己無能爲力，對方或許會怨你「太小氣」，卻不會恨你「背叛」、「遺棄」他們，反而不會惹禍上身。

還有一種會導致危險的心軟狀況是，陷入暴力的循環圈。像不少受到暴力傷害的人都曾經發誓「再也不會原諒暴力份子」，可是當對方採取密集的柔情攻勢，不斷的送花、送禮物、道歉、下跪、懺悔，保證「絕不再犯」之後，就會忍不住心軟原諒對方，總覺得「再給對方一次機會吧！說不定這次是眞心改過」。

懷抱感情與期待的心軟，很容易掉進失望與懊惱的循環中，爲了讓自己好過一點，只好找各種理由安慰、說服自己。

一時心軟的代價，可能會高到超過負荷範圍，務必設下停損點，趕快接受現實，以免賠上一輩子的幸福。

所以，與人交往的時候，如果無法說「不」，或很難對別人生氣，或是對人過度禮貌，甚至常常因此被佔便宜，或老是覺得自己的意見沒有價值的話，就要練習表達自我的權益，試著說出內心的感受，才不會成爲「心太軟」的人。

第三章

從金錢習慣洞察人心

insight into people's psychology
from habits

從一個人的用錢習慣是量入爲出的理性型？還是入不敷出的月光族？還是一毛不拔的鐵公雞？亦是對自己大方對別人小氣的類型？都可以有效預測未來跟他過生活的幸福指數。

有個朋友跟我說過他的人生名言：「錢在哪裡心在哪裡。」眞的很有道理，光看一個人習慣把錢花在哪裡，就能看出他的價値觀，還有他會如何求生存以及過好生活的方式。

譬如說，有人買衣服只爲了遮蔽身體的功能，也有人強調要保暖、涼爽的質料，也有人注重美觀個性，也有人要彰顯身份地位，不同的心理需求花費的金錢自然也不同。

金錢不僅能滿足我們的物質需求，更能滿足心理需求，甚至成爲操控別人的工具。

金錢滿足不同的心理需求

●過得更好的期待心理

很多人花錢買東西，是爲了讓生活過得更好、更有意義，更令人滿足。彷彿買了這樣產品就能改善生活品質，包括健康、舒適、安全、活力。

買到能夠帶來滿足感的產品，我們就會進而產生期待感，渴望再享受一次。像很多人會不斷花錢買各式各樣的按摩器，便是期待身心可以更舒暢。

●改變情緒的愉悅心理

購物能夠改變情緒的原因是，期待感可以擴大滿足感，光是逛逛看看，本身就是一種娛樂。這個時候，如果銷售人員適時扮演製造歡樂的綜藝角色，帶領顧客體會愉悅的購物經驗，例如，當顧客試穿時，在一旁發出讚嘆聲：「好漂亮」、「好襯膚色」，或是熱心的陪伴顧客一起選購產品，或是在顧客心情欠佳時，聆聽顧客的心聲，都能讓顧客得到情緒撫慰的效果。當顧客在店內產生愉悅的情緒，花費往往會超過原本的預算。

現在由於網路購物突破時空的限制，很多人在感覺心情低落、空虛寂寞的時候，會習慣透過網路瀏覽購物來轉變痛苦情緒。這個時候，雖然沒有銷售人員在旁邊鼓吹，但不知不覺動動手指，常常會買下超乎預算的商品。

此外，花錢聽音樂會、演唱會，觀看運動比賽，欣賞藝術展覽，也能獲得想要的愉悅情緒，讓心情變好。

●嚮往名人的憧憬心理

雖然自己不是名人，卻能享受跟名人一樣待遇，擁有一樣的物品，也會產生美好的感受。也因此，超級名模、好萊塢明星最愛的包款，都能造成一股風潮。

另外，皇室生活也是讓很多人羨慕憧憬的，雖然生長在皇室無法自己選擇，卻能選擇穿跟王妃一樣的衣服，拿一樣的包包，或是把自己的小孩打扮成小王子、小公主，彷彿透過穿一樣的衣服，高貴尊榮的感覺也會連帶跟著不同。

●害怕落伍的流行心理

追求流行的行為背後，其實隱藏著害怕落伍的心理，擔心自己跟不上潮流，別人都有只有我沒有，恐懼自己會因此被排擠，需要透過擁有流行商品，來感覺自己跟得上時尚的腳步。

●害怕選錯的從眾心理

除了害怕落伍以外，我們還會害怕跟別人不一樣。事實上，很多商業的操作手法都是運用「從眾心理」，不斷強調：「現在正流行」、「大家都在用這個產品」。

我們的決策行為很容易受到環境的影響，而且是不自覺的潛意識行為。舉例來說，最常見的就是跟著「排行榜」買東西，隨著排隊人潮選擇餐廳，心理總覺得跟著大家一起買，比較不容易選擇錯誤。

●留下回憶的紀念心理

周遭朋友中，很多人喜歡購買紀念商品，譬如說，第一次旅行的紀念品、結婚週年紀念品、定情的紀念物，每當看到紀念品就會喚起過去的美好回憶。

無論是我的觀察或研究都顯示，女性比較喜歡收集紀念品，除了花錢買紀念品外，拍照也是留念的重要方式，這就可以說明，何以女性比較在意要拍攝美麗浪漫的結婚紀念照片。

喜歡買紀念品的人，通常也習慣慶祝紀念日，每年都要過結婚紀念日，覺得這代表「永不忘懷」、「眞情不變」、「歷久彌新」，倘若另一半不瞭解紀念背後隱藏的意義，就很容易引發無謂的衝突。

馬斯洛需求心理分析

心理學家馬斯洛（Maslow）認爲，我們每個人行爲的動機，都是源自於個人的需求，如果基本的生活需求、被愛的需求得到滿足，我們就會進而追求成長需求的滿足，勇於自我實現，達成理想願望。

從金錢使用的習慣，一方面可以清楚了解我們重視哪個心理需求的滿足，另一方面也可以發現心理匱乏的所在，花費越多金錢購買的東西，往往是我們覺得越不滿足的地方。

●**生理需求**：我們每個人都需要食物、性、睡眠等生理需求的滿足，倘若需求得不到滿足，我們就會花錢解決問題，試圖讓生活過得容易一些。譬如說，我看過很多睡眠品質不好的人會花費大量的金錢，只求睡個好覺。還有性功能出現障礙的人，也會默默花錢購買各種壯陽藥品，以滿足性的需求。

●**安全需求**：重視安全需求的人，就會花錢加強居家保全系統，期望居家安全無後顧之憂。有一段時間，由於食安問題嚴重，威脅到我們安全和生存需求，因此，很多注重健康的人寧願多花點錢買安全無虞的食材。

還有在疾病疫情爆發期間，各地民眾不約而同紛紛搶購口罩等防疫物品，就是因爲疾病感染有高度的不確定感跟不可掌握性，我們需要透過購買各種防疫物品來降低焦慮感，提升安全感。如果這個時候買不到所需物品，就會讓不安全感大幅擴散，在恐懼匱乏跟害怕斷貨的心理催化下，就可能會開始搶購和囤積各種物資。

● **社會需求：**每個人都需要有歸屬感，感覺被社會群體接納。舉例來說，手機、電玩、網路對青少年而言，不僅是休閒娛樂的管道，更是跟同學朋友互動聊天的素材，如果父母不瞭解孩子的社交需要，一味禁止孩子上網、玩電玩，無形中孩子就無法跟同學朋友分享自己的遊戲心得。

● **自尊需求：**爲了感覺自己很重要，滿足被尊重的需求，有些人會花錢購買名牌商品，進而獲得貴賓的禮遇。也有人期望自己的品味獨特，會欣賞有設計師簽名的產品，從穿著配戴設計師作品，感覺自己與眾不同的品味。

● **自我實現需求：**自我實現的需求個別差異很大，對有些人來說，可能是學習到某種特別的技能，像我有個學生就是透過拿證照自我實現，幾乎聽過的證照他都擁有。

對有些人來說，則是實現多年的願望或完成某個任務，譬如有人是環遊世界、有人是晉升到公司高層。

努力朝自我實現之路邁進的人，自然會花錢學習新的事物，增廣新的體驗，獲得新的技能。也因此，他們會捨得花錢在追求成長的產品上，如書籍、雜誌、旅行、電腦、軟硬體設備、探險產品（休旅車），體驗充滿奇特經驗的世界。

無論是要選擇共組家庭的伴侶，還是共創事業的夥伴，都最好深入了解對方的使用金錢的習慣，可以幫助自己降低風險，做出最明智的抉擇。

從購物了解對方的心理需求及個性特質

購物有時並不只是單純的消費行為，它還會反應出購買者的心理狀態、個性脾氣，以及金錢觀念。所以，下次當你和朋友或家人一起逛街時，不妨用心地觀察對方的購物習慣，以及特殊喜好，不僅能更進一步了解他的內心世界，說不定還能因此而改善彼此的關係。

累積多年陪別人逛街的經驗，我發現，購物可以滿足人們的不同心理需求。

＊**補償心理**：有些人在完成一件艱難的任務，或是長期努力工作終於獲得老闆加薪，或是昏天暗地連加幾天班後，都會突然興起一股強烈的購買欲，想要好好犒賞自己，寵愛自己一下。

＊發洩心理：有的人在心情沮喪或壓力過重時，會藉著大吃大喝來獲得滿足；有的人則是藉著大買特買來紓解壓力。通常這種類型的購物者喜歡自己一個人逛街，而且，只要店員懂得討他開心，就可能莫名其妙地買下一大堆一輩子都用不到的東西。

＊佔有心理：這種類型的購物者最典型的特徵便是，喜歡的東西就一定要買回家，否則，他會日思夜想，甚至廢寢忘食。對佔有欲強的人來說，不吃東西不會餓死，可是不買東西卻會難過死，凡是喜歡的東西再貴也要買回家。

這就能夠理解，何以有些人選擇「開名車、穿名牌，三餐吃泡麵果腹」，爲了買到想要的商品，即使節省生活費用，甚至不惜去跟別人借錢，也會想方設法籌到購買的金錢。但當他們買到喜歡的東西之後，根本無心償還債務，如果不清楚他們的金錢使用習慣，就會被他們一身的昂貴的裝扮欺騙，誤以爲他們很有錢，一定會還錢，等到發現眞相後，又會對他們把錢花在滿足欲望的做法感到極度憤怒。

＊虛榮心理：具有虛榮心理的購物者非但喜歡買東西，而且他最大的樂趣還在於炫耀東西的價值，以及自己的眼光。一般來說，這種類型的人很喜歡跟親朋好友比較自己購買的東西。譬如說先假裝詢問別人：「你這件衣服在哪買的？」事實上是要告訴對方：「我這件外套是世界知名設計師設計的。」當有人稱讚他的品味超群或眼光獨到，立刻就滿足了他的虛榮心理。

＊**需求心理：**依照實際需要購物的人，在工作時，他們也會按部就班地做好工作進度表、讀書計畫表，不會隨性所至，想到什麼就做什麼。

從消費習慣觀察個性特質

●**理性型的消費習慣：**擁有理性購物習慣的人，上街買東西前，會依自己的實際需求列一張購物清單，然後按著清單逐一購買，對不需要的東西很少會多看一眼。

理性購物習慣的人多半會主動積極收集產品訊息，經過比較、評價的過程，形成忠誠度。同時購買的過程中，他們也會提出很多問題，偏愛具備專業知能的銷售人員。

●**創新型的消費習慣：**擁有創新型消費習慣的人，往往會有特定的興趣範圍，例如電影愛好者或是流行崇尚者，他們多半專業知識淵博，會大量使用電子媒體收集資訊，也會閱讀不同的雜誌、電子報；常常扮演意見領袖的角色，會主動將自己的心得分享給其他人。有研究指出，創新型消費習慣的人有較高的收入或財富，喜歡創新的人格特質會讓他們適應力和彈性較高，在陌生的情境中比較能夠自我決定，心理行為獨立，對自己也較有信心。

●**順從型的消費習慣：**擁有順從型消費習慣的人，購物的時候需要有同伴在旁邊，所買的東西也期望獲得別人的認同與重視。因此，會對別人的意見較為敏感，有時會對認識的人過於大方慷慨，很容易受別人影響，聽到別人的閒言閒語時會感到沮喪挫折。

●**猶豫型的消費習慣：**擁有猶豫型消費習慣的人，常常陷入選擇困難中，不知道要買哪一件才好？購物時多半喜歡有個商量的對象，偏愛找姊妹淘一起逛街，或是一邊逛街一邊詢問另一半的意見：你覺得這件比較好看？還是那件比較好看？這些做法都在爭取認同，獲得別人的肯定。

這種類型的人不管做什麼事情都猶豫不決，從「要不要看這家店」到「要不要買這件東西」，都會左想右想、東想西想，結果想了老半天依然後悔一大堆：「唉，眞後悔上次去香港沒買那個名牌皮包，價格比台灣便宜了三分之一。」

有趣的是，猶豫不決型的人無論後悔多少次，下次碰到要當機立斷的時候，他又開始左右搖擺起來。當他們開始猶豫「買或不買」時，其實自己也深感困惑，非常希望有人能夠適時出現幫他們做一個決定，將自己從焦慮不安的狀況中解救出來。

●**乾脆型的消費習慣：**跟猶豫型相反的人是乾脆型，做事乾脆的人大多買起東西來也很乾脆，只要他看上的東西，就很少會左思右想、討價還價老半天。儘管這種類型的人最受店家老闆歡迎，但他們也很容易因爲買得太爽快而消費過度，或是買回一堆中看不中用的東西。

●**外向型的消費習慣：**外向型消費習慣的人通常很善於社交，購物時喜歡跟別人互動聊天，個性活潑衝動，會尋求外在經驗的刺激，從購物過程中得到樂趣。由於感官刺激需求較高，擁有外向型消費習慣的人喜歡嘗試新產品，譬如愛到新開幕的商場逛街，也比較能夠承擔消費風險，容易喜新厭舊。

● **內向型的消費習慣：**內向型消費習慣的人個性較爲安靜沉默，喜歡安全感，凡事都要在其預期的範圍內，跟他們互動時，最好避免給他們心理壓力與負擔。再者，他們通常不會主動說出需求，所以要特別用心觀察他們的需求，主動詢問他們需不需要什麼，才不會讓他們有被忽略、受冷落的感覺。

● **節儉型的消費習慣：**節儉型消費習慣的人，喜歡付出最小的代價就能得到最大好處，不僅要店家給他們最優惠的價格，還特別愛「買一送一」的商品，感覺自己不用付出任何代價，就可以得到東西。購物的時候，他們也習慣提出很多實質上的要求，譬如多送一瓶飲料，能多要一點好處就多要一點。

大部分的店家都非常害怕節儉型消費習慣的人會需索無度，爲了避免麻煩，乾脆什麼好處都不提供。但這種做法很容易得罪他們，最好的安撫方法是，主動滿足他們，讓他覺得自己佔到便宜、得到好處，這樣付帳時他們反而會比較大方，不會因爲「心有不甘」而跟店家周旋到底。

● **感情用事型的消費習慣：**感情用事型消費習慣的人情緒比較不穩定，容易焦慮沮喪，有時會喜怒無常，或過於激動。花錢的時候，他們會傾向杞人憂天，要降低他們的焦慮，最好適時幫助他們降低購物的風險與威脅。由於情緒包含想法與感覺，當他們感受到情緒，通常「內心對話」也會隨之而生。所以，跟他們相處的時候，不妨先觀察他們情緒的波動狀況，聆聽他們的「內心語言」，找到他們情緒按鈕在哪裡，才不會誤踩他們的情緒地雷。

●**固執型的消費習慣：**擁有固執消費習慣的人，對新事物的接受程度比較低，喜歡選擇穩固傳統的產品，討厭改變任何生活習慣。跟他們相處時，最好先了解他們原本的習慣是什麼，而不要馬上想要他們接受新事物。

●**挑剔型的消費習慣：**擁有挑剔消費習慣的人，比較自我中心，做事也較缺乏彈性，很在乎別人的看法，卻不同理別人的感受，導致別人跟他們相處時都會備受壓力。

挑剔型的人中有些是選擇性挑剔，對他們挑剔的地方，最好要特別注意，不然其他地方服務再好，他們依然不滿意。

我認識一個挑剔型的朋友，他挑剔的程度已經到「沒有人願意跟他逛街」的地步。有次我不信邪，自願陪他去買件夾克，終於領教到他的挑剔功夫。

當我們走得腳酸腿麻，好不容易他才看上一件還可以的夾克，不料試穿過後，他搖頭跟我說：「算了！我想買的是兩面都可以穿的夾克。」

可是等找到一件兩面都可以穿，又符合他想要顏色的夾克時，他又跟我說：「口袋不夠深，東西會掉出來。」說得也有道理，那就再看看好了。但當我們真的找到那件「兩面都可以穿，顏色剛好是黃藍配，而且口袋亦很深」的夾克時，朋友竟然仍有意見：「唉！可惜拉鍊不能兩邊對拉。」

挑剔型的人不論做什麼事皆有一大堆的原則與規矩，如果不按照他們訂的規矩做事，那他們就會跟別人抗戰到底，決不妥協。

邊逛街邊摸清對方的底細和脾氣

跟剛認識的朋友還不太熟悉時，若想在最短的時間內了解對方的個性和脾氣，這個時候，只要約對方去逛街，就能摸清對方的底細。

●平等互惠？還是自私自利？

逛街要逛得愉快，就要大家互相配合，有時我陪你看喜歡的東西；有時你陪我看喜歡的東西，這樣才平等互惠。可是，自私型的人只愛逛自己感興趣的店，完全無視他人的喜好需求。和這樣的人逛街，最好和他分道揚鑣，各逛各的，不然的話，就得被迫當個小跟班。

記得有次出國旅行，旅途中意外碰到一個多年不見的朋友，在一陣興奮的寒暄之後，大家決定攜手同遊。很快地，逛街之後就發現朋友另外一面，凡是他不想逛的地方，都會跟我們說：「逛快一點，時間寶貴。」但若碰到他喜歡的地方，則完全忘了時間的存在，常常讓大家等他等到快失去耐性。

碰到以自我爲中心、不替別人著想的人，最好的相處之道，一是保持安全距離，二是必要的時候勇敢說出自己的需求，才能避免關係進入不平等的狀況。

●有耐心？還是缺乏耐性？

跟容易不耐煩的人一起逛街，過程就彷彿逃難般緊張。他們會快速地衝進一家店，找到他們想要的東西後，又立刻衝到櫃台去結帳。等到他們買到想要買的東西之後，陪他們逛街的人就辛苦了。他們會不斷地催你：「看好了沒？」、「買快一點」；或是反覆不停的叨唸：「逛來逛去還不都是一樣，有什麼好逛的。」

不耐煩型的人不會只有在逛街的時候缺乏耐性，在日常生活中他們也會處處表現得很不耐煩。所以，如果要和不耐煩的人互動，就要做好「避免被焦慮情緒干擾」的心理防護，不然很快的你也會變得焦躁不安。

●男女平等？還是男女有別？

抱持男女有別觀念的人，有些會認爲「陪女人逛街」是失去男性尊嚴、非常丟臉的事情，因此，當他們被迫不得不陪另一半逛街時，他們常常會咬著牙、紅著臉對伴侶說：「妳自己進去逛，我在門口等妳好了。」

試問，有人在門口站崗，還能輕鬆自在地慢慢瀏覽商品嗎？這個時候大概會心神不寧地匆匆繞一圈，就馬上到門口報到。雖然男女有別型的人尚不至於會性別歧視，不過，他們多半會認爲男人有男人該做的事、女人有女人份內的事。譬如說，做家事、帶小孩可能就被歸爲「女人家的事」；而闖事業、賺大錢則被歸爲「男人家的事」。一旦他們建立了刻板的印象，就很難改變他們的觀念了。

● 一視同仁？還是階級分明？

有次和幾個朋友一起去逛街，當我們發現一輛拍賣花車上所標的價錢低得令人心動，正想上前撿點便宜時，突然有個朋友伸手攔住我們說：「那是中下階層人穿的，不符合我們的身分地位。」當下有點震驚，我只知道東西有品質好壞之分，不知道還有階級高低之分。

可想而知，連東西都會分階級的人，對朋友也不會例外。因此，和這種類型的人交朋友，需要肯定自我的價值，以免心靈不小心受傷。

● 清楚分明？還是迷糊脫線？

個性迷迷糊糊的人就像脫線的衣服一樣，物品總是東掉西落的。剛買的東西，去吃個飯就不見了；店員還沒找錢，他就已經走人了；或是回家才發現：新買的衣服上破個大洞；甚至是常常找不到自己的停車位。

迷糊脫線型的人通常感受力都不敏銳，有人形容他們的感受力「比水管還要大條」。擁有這麼粗的感受力自然不會注意小節，對別人的痛苦他們「聽不懂」；遭遇挫折時他們亦

「沒感覺」；有人暗戀他們也「沒看見」。

雖然迷糊脫線型的人很容易自得其樂，但跟他們相處的人可不一定輕鬆，因爲他們實在太喜歡打迷糊仗了，壓力可能都轉到別人身上。

●大方？還是小氣？

想要了解一個人到底個性大方？亦是小氣？最快又有效的方法便是，帶他去逛街，看他怎麼花錢的。

下面整理出幾齣逛街時常見的劇情：

第一齣常見的劇情是：男主角出手闊綽，爲自己買再貴的東西眼睛也不眨一下，天眞的女主角以爲男主角亦會對自己如此大方，直到收到印有「贈品」字樣的禮物時，女主角才恍然大悟，原來男主角是個「只對自己大方」的人。

第二齣常見的劇情是：男主角衣冠楚楚，是個典型的都會偶像型情人。正當女主角著迷於他的翩翩風度，無意間卻看到男主角爲了買一支刮鬍刀而和店員吵到臉紅脖子粗的畫面。女主角這才驚覺，自己心目中的白馬王子竟是個殺價不眨眼的人。

第三齣常常上演的劇情是：穿西裝打領帶的男主角挽著小鳥依人的女主角一起漫步於百貨公司，正羨慕他們感情恩愛時，下一個鏡頭卻照到男主角用兇惡的眼神暗示女主角只能買打折品。

陪一個人逛街，最能摸清其花錢的習慣，是屬於量入爲出的理智型？亦是入不敷出的月光型？還是揮金如土的浪費型？或是視錢如命的守財奴型？對金錢的觀念是「生不帶來死不帶去」的瀟灑型？或是「夠用就好」的滿足型？不僅能夠深入認識一個人的本性，更能間接探索自己偏愛跟哪一種類型的人相處。

TEST

你的購物衝動指數有多高？

在這個講究行銷的時代，每樣商品都使出渾身解數吸引消費者掏出鈔票來購買，下面這個測驗可以評量你的購物衝動指數，看你的性格是屬於理性消費？還是衝動消費？請根據真實感覺做答。

1. 你很少擔心錢包裡有沒有錢？

是□　不是□

2. 逛街前你很少思考要買些什麼東西？

是□　不是□

3. 看到親朋好友剛買的戰利品，你也會想盡辦法買到手？

是□　不是□

4. 即使沒有上街或上網消費，你也會在腦中構思要買些什麼東西？

是□　不是□

5. 常常覺得如果沒有買到某樣產品，就會蒙受損失？

是□　不是□

6. 經常獨自一人出門購物？

是□　不是□

7. 每當心情欠佳，就會很想上街或上網買東西？

是□　不是□

8. 從來沒有計算過自己花了多少時間購物？

是□　不是□

9. 經常會因為花錢買東西，而被家人責罵？

是□　不是□

10. 曾有過想不起來或不知道自己為什麼要買某樣東西的經驗？

是□　不是□

11. 日常生活中，購物是最重要的休閒娛樂？

是□　不是□

12. 有時候會買下不需要的東西？

是□　不是□

13. 為了買到心愛的東西寧可忍受挨餓？

是□　不是□

14. 曾經為了買到某樣東西而跟別人借錢？

是□　不是□

15. 認為打折時買東西最划算？

是□　不是□

※結果分析：

答案中五個以下「是」者，表示你的購物衝動程度屬於「輕量級」，要繼續保持下去。

答案中六到十個「是」者，顯示你的購物衝動程度屬於「中量級」，要開始注意自己的購物行為。

上街或上網購物前，必須先自問自答三個問題：

第一個問題是：「這樣東西是必需品嗎？」

第二個問題是：「不買的話會如何？」

第三個問題是：「有多餘的錢購買嗎？」

只要其中一個問題回答：「不是」，就要打消購買的念頭，以免造成無謂的浪費，囤積太多無用之物。

答案中十到十五個「是」者，你的購物衝動指數屬於「重量級」，常常提醒自己，過多的物欲不僅會拖垮財務，更會造成身心負擔，從現在起，要培養其他休閒嗜好，學習做財務規劃，養成記帳的好習慣，務必量入為出，才能真正享受購物的樂趣。

諮商的過程中，我發現一個心理現象，內心寂寞的人比較容易購物成癮，不只透過購物填補空虛的心靈，也渴望經由裝扮自己來提升魅力感，吸引別人關注的目光。

想要改變購物成癮的行為，需要先深入了解購物行為背後所隱藏的意涵，找到真正的關鍵鑰匙後，自然能夠找到控制購物行為的有效方法。

◀分析：卡債族的人格特質

有一段時間我參與卡債諮商的工作，發現很多人之所以會積欠大量卡債，主要原因其實跟人格特質與用錢態度息息相關，反而和經濟景氣沒有那麼大的關聯，大體來說，卡債族的人格特質有下面幾個：

●**做事不考慮後果**

很多卡債族都有衝動控制障礙的傾向，無論購物或行動，只求解決眼前的困難，或滿足當下的需求，而不會考慮未來的後果，所以當手邊沒錢花用，他們就會尋求立即獲得現金的管道，完全不管要付出多大的代價。

●**養成借錢習慣**

借錢對他們來說，可說是家常便飯，過去找朋友借錢週轉，現在對象換成銀行，這類型的卡債族根本沒有還款的打算，爲了借到錢，他們的演技一流，說辭感人，只要可以讓別人掏出錢來，就算達成任務。

●**死愛面子**

有些人面臨生活難關或事業瓶頸時，爲顧及自尊面子，非但不讓家人朋友知道自己的現況，更不願意放下身段開口跟親朋好友借錢，甚至爲了營造假象，不惜跟銀行借錢充場面。

正因爲與銀行借錢，不用哀求別人，也無需拉下面子，結果不少人便越陷越深，以債養債，雪球越滾越大，終致信用破產，造成財務的大浩劫。

●害怕麻煩別人

還有些人的個性深怕帶給別人麻煩，凡事皆靠自己想辦法解決，悶著頭獨自找錢，久而久之，自然會債台高築。

●受不了誘惑

由於和銀行借錢的門檻較低，有些人便會受不了誘惑，忍不住借點錢出來花花，結果手邊一有錢，也不管將來仍要還款，就開始大肆揮霍，過沒兩下就花光現金，又想跟銀行借錢，形成惡性循環。

從一個人的花錢態度最能看出其責任感強不強，自我控制力好不好，衝動指數高低，所以，和別人合夥做生意前，或是決定結婚的時候，別忘了深入了解一下對方的銀行信用，相信可以大幅降低「識人不明」、「所託非人」的風險。

你的錢都用到哪裡？

TEST

在愛情的國度裡，很多女生都希望能夠嫁給瀟灑多金的白馬王子，不少男生都期待娶個漂亮溫柔又有錢的理想情人。下面這個測驗，不但可以測出自己的金錢都用到哪裡，還能知道自己致富的潛力在哪裡。請根據真實感覺作答。

※測驗開始：

1. 皇宮剛貼出「舞會告示」，邀請全國未婚的俊男美女前往參加。為了吸引王子或公主的注意，你決定上街添購一些行頭，這個時候，你會去哪裡採買？

(a)想都不用想，當然是名牌服飾店，只有昂貴的名家設計，才能襯托自己的高貴氣質。

(b)會去品牌眾多的百貨公司選購，這樣才能從頭到腳，把自己打扮得耀眼出眾。

(c)會先打開衣櫥，看看有沒有適合的服飾，再決定要買哪些東西。

(d)會先上網收集情報，同時四處打聽哪些商家正在打折促銷，想盡辦法買到物超所值的華美服飾。

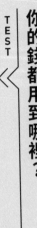

2. 有一天你無精打采的走在路上，卻意外撞到下凡考察民間疾苦的仙女，對方答應你，讓你中這期一億元的樂透彩，你會如何使用這筆錢？

(a) 立刻跟公司辭職，然後大肆消費，享受富豪般的生活。

(b) 會先跟公司請年假，再趁著出國旅行時，慢慢思考，怎麼使用這筆意外之財。

(c) 把錢全部存在銀行裡生利息，並且照樣上班工作，生活一如往常。

(d) 會將三分之二的錢定存在銀行，其餘三分之一的錢拿來投資理財，以及實踐人生夢想。

3. 如果有一天，你像魯濱遜一樣漂流到荒島，你會如何求生存？

(a) 肚子餓了，再去找東西吃。

(b) 每次捕魚或採水果時，都會多採收一些存糧。

(c) 會努力採收水果與漁獲，然後作成水果乾或鹹魚乾。

(d) 會就地取材製作各種工具，以便捕更多的魚，採收更多的水果，再想辦法跟當地土著交換更多的生活必需品。

4. 你無意間發現一張藏寶圖，依照指示，你順利找到一座藏滿金銀財寶的山洞。可是山洞旁的石碑寫著：「只能進來一次，否則會遭遇不測。」這個時候，你會怎麼做？

(a) 倘若一次帶不走，會再偷偷跑回來拿走其他寶物。

(b) 即使快要走不動了，你還是捨不得留下任何一件寶物。

(c)你會視自己的體能負荷狀況，帶走「拿得動」的寶物。
(d)你會從寶藏中挑選出「價值高、重量輕」的寶物帶走。

※計分方法：

(a)＝1分
(b)＝3分
(c)＝5分
(d)＝7分

※結果分析：

4～6分　你的錢都用在外表門面和感官享受：

你非常講究門面，重視感官享樂，嚮往過著富豪級的生活。如果你含著金湯匙出身，提醒你，要稍微克制一下物欲；假如你是靠刷卡滿足物欲，就要小心債台高築。

想要實現致富夢想，一方面要調整「想花就花」的金錢觀念，另一方面要養成儲蓄的良好習慣，並且要學習控管風險，你很容易為了快速取得現金而做高風險投資。

倘若你的另一半是屬於這一型，就要注意，表面上他全身名牌，看起來「很有錢」的樣子，實際上，他可能負債累累。建議你，最好不要讓他經手金錢，以免錢不知不覺消失無蹤。

7～14分　你屬於賺多少花多少型：

你不只注重服裝品味，也很堅持生活品質，為了維持高水準的生活型態，你幾乎花光所有賺來的錢。雖然你也渴望存下一筆積蓄，但卻抵抗不了物欲的誘惑。其實，只要做到「物盡其用」，多利用舊東西變出新花樣，即可存下一筆不小的財富。

想要實現致富夢想，一方面要努力工作，另一方面要多學習投資理財的知識，以免因太過貪心，或資訊不正確而投資錯誤，導致血本無歸。

假如你的另一半屬於這一型，別被他光鮮亮麗、品味高雅的外表所迷惑，他賺的錢自己花都不夠，最好不要指望對方是金龜婿或金雞母，還是靠自己比較實在。

15～22分　你屬於儲蓄致富型：

你最令人佩服的地方是，非常懂得存錢之道，不只消費購物時精打細算，而且努力工作，為了賺更多的錢，你不會邊加班邊喊累。

在投資理財方面，你也是穩紮穩打、量力而為，凡事以保本為前提。你人生最大的樂趣，就是看著存款數字步步高升，不過，雖然儲蓄是美德，也要捨得投資自己，多充實新知，這樣才能累積無形的「智慧財產」。

如果你的另一半屬於這一型，恭喜你，找到一個金龜婿或金雞母，好好對待他，可以幫你省下一筆可觀的財富。

23~28分　你屬於理財致富型：

你不僅是賺錢高手，消費購物時，也懂得利用最省時省力的方法，買到最物超所值的商品。投資理財時，你也非常善於收集情報，做出精準的判斷。賺錢對你而言，是一種成就感，亦是一種樂趣，因此，你很捨得自我投資，知道如何利用無形的才能，充實有形的財富。難能可貴的是，你並不會為了追求高利潤，而承擔高風險，你曉得判讀情勢，總是在最佳時機「見好就收」，為自己累積更多的資本。

如果你的另一半屬於這一型，恭喜你，只要你們兩人同心協力，可以一起攜手共創富有美好的未來。

第四章

從飲食習慣洞察人心

insight into people's psychology from habits

法國的政治家兼美食鑑賞家布立雅沙瓦雷（Brillat-Savarin）曾經說過：「告訴我你吃了什麼食物，我就知道你是什麼樣的人。」每個人飲食習慣的養成過程都不同，從一個人常吃的食物，可以猜出對方的宗教信仰，如佛教徒吃素不吃葷，回教徒不吃豬肉。

曾有位女性朋友跟我分享她約會吃飯的痛苦經驗。這位女性朋友從小茹素，偏偏約會的對象是個肉食主義者，對方認為她會選擇吃素，是因為「沒有吃到過好吃的肉」，於是堅持帶她去吃「全天下最美味的肉」，這讓聞到肉味就想吐的朋友簡直身處地獄，立刻逃之夭夭。

強迫餵食的創傷經驗

被逼著吃無法接受的食物，是極度難受的，但我還眞的碰過不少人被強迫餵食而形成創傷經驗。譬如，周遭有朋友不能看到瓜類食物，從苦瓜到西瓜通通不行，一看到就反胃嘔吐，探索童年回憶後才發現，肇因於小時候家人強迫餵食，試圖用高壓的方式改掉偏食的習慣，結果卻適得其反。

飲食習慣影響親密互動模式

當然飲食習慣也跟環境氣候有關，所以每個地區的飲食文化都不同，創造出豐富迷人的美食藝術。連帶的，每個家庭的飲食習慣多少都有些不同，很多父母、祖父母都用食物表達愛意，自小養成的飲食習慣影響我們甚鉅，從價值觀、金錢觀、幸福感到親密互動模式都涵蓋在內。尤其是當兩個家庭結合之後，如果雙方飲食習慣不同，很容易引發一連串的衝突。

在餐桌上最常見的戰爭場面是，一方注重身體健康，一方重視口腹之欲，重健康的會不斷叨念對方：「膽固醇太高了，不能吃太多」、「你太胖了，不能再吃了」，連坐在旁邊的我，都快被唸到食不下嚥了。

從飲食習慣看「過度補償」心理

飲食習慣也跟家庭經濟狀況有關，例如，童年時代好渴望吃什麼食物卻吃不到，長大後會因「過度補償」心理，一看到某樣食物就情不自禁的猛吃狂掃。我看過很多人由於小時候家裡沒錢買麵包甜食，長大成人後會過度補償而嗜吃麵包甜食。

無論「過度補償」或「過度滿足」都可能讓我們對食物沒有抵抗力。舉例來說，從美食主義家庭長大的小孩可以爲了吃頓好料而一擲千金，賺來的錢毫不吝嗇通通吃光光，但若遇到另一半的家庭食指浩繁，從小省吃儉用，那可能就有吵不完的架了。

壓力指數會改變飲食習慣

壓力指數也會改變我們的飲食習慣。我們的身體機制眞的很奇妙，壓力反應在生理上，其中一個訊號就是腰臀變胖，這是因爲壓力賀爾蒙會促進食慾，讓我們特別想吃高油脂、高糖分、重口味的食物，像是炸薯條、洋芋片、鹽酥雞、蛋糕、甜點等等。像很多人忙碌加班一整天後，就會極度想吃麻辣鍋、燒烤配啤酒，犒賞五臟廟。或是心情低落時，會想吃甜食蛋糕增加幸福感，但甜食會讓血糖劇升劇降，反而會讓情緒不穩定。

別小看甜食對情緒的影響力，曾有學者研究發現，吃太多高糖分食物的兒童和青少年，不只會出現過動、攻擊的行爲，專注力也較不集中。這個時候，只要改變飲食習慣，以蛋白質均衡飲食，這些行爲就會改善很多。不過在此要特別說明，「過動症」的成因並非單純是高糖分造成的，還跟大腦前額葉的功能、環境因素有關，需要經過精神科醫師的專業評估，才能夠下診斷。

除了工作壓力以外，幾乎每個年齡層的人都會靠「吃東西」來降低心中的不安全感跟壓力感。加上現在很多人都偏愛「追劇」紓壓，很容易養成看電視吃零食的習慣，邊看邊吃，不知不覺中吃進大量垃圾食物。

不同年齡層有不同飲食習慣

事實上，不同年齡層由於味覺不同，也會導致不同飲食習慣。我們每個人有四種味覺習慣：甜、鹹、苦、酸，隨著年齡的增長，味覺敏感度也會跟著下降，在四種味覺反應中，甜跟鹹的味覺反應會退化的比較快，影響所及，很多年長者吃東西的時候會覺得食物變得比較酸，也比較苦，所以他們會特別喜歡吃甜一點、鹹一點的食物。也因此，味覺反應越不靈敏的年長者越偏愛吃口味濃重的食物。

美的標準與食物供應有關

有趣的是，食物還會影響到人們對「女性美的標準」，心理學家研究發現，女性美的標準與食物供應是否充足息息相關，當食物供應不充足的時候，女性美的標準就是「豐滿的身材」，當食物供應充足時，豐腴的身材就不受重視。

其實從小開始，女性便被教導「身體」是別人判斷自己的重要因素，從電視明星到廣告訴求，都在建立一個難以達到的標準，特別是跟身體有關的標準。這些標準的灌輸，就會影響女性對身體的感受，亦即所謂的「身體評價」。

對自己的「身體評價」是正向還是負向，連帶的會影響飲食習慣，如果是負向的「身體評價」，就期望能透過控制飲食的方式達到標準身材。

特殊的飲食習慣

每個人的飲食習慣都有其特別的儀式行爲，若能細心觀察並理解其中奧妙，就不會犯了別人的飲食禁忌。

＊不吃毛茸茸、軟滑滑的食物：有些人很怕吃有毛的食物，舉凡秋葵、桃子，都是他們的天敵，怎麼樣都不會放入嘴裡。此外，亦有不少人討厭吃又軟又滑的東西，像布丁、愛玉、仙草、果凍，皆避之唯恐不及。

＊食物味道不能混雜：有些人無法忍受不同的食物味道混在一起，特別是鹹的和甜的，酸的和苦的，有湯汁的和油炸的，番茄醬和芥末醬，一旦將食物混成五味大雜燴，他們是完全無法忍受的。

＊不吃看不到的東西：舉凡包子、水餃、餛飩、麵包，任何看不到內餡的食物，他們都懷有恐懼感，不知道裡面暗藏什麼可怕的東西。最常見的狀況是，懷疑香腸的內餡是用老鼠肉或病死豬的肉做成的，爲了避免吃進不明物體，他們不吃剁碎或看不到的食物。

＊只吃有美感的食物：對完美主義的人而言，人世間的任何事物都必須美麗無瑕，即使是食物也不例外，所以當他們看到醜醜的食物便會立刻一口吃掉，不會留在盤子裡。除了受不了難看的食物，他們更注意餐盤的擺設，以及顏色的搭配，總而言之，賞心悅目是飲食的最高指導原則。

◀分析：暴食與厭食的心理特質與不當補償行為

一般來說，女性較男性容易出現飲食失調的情況。儘管男性與女性都越來越關注身材，但女性更重視自己的身材，並期望能透過節食的方式達到社會對女性身材的標準。

餵食及飲食障礙

在《DSM-5精神疾病診斷準則手冊》中有列出各種不同類型的飲食障礙（Feeding and Eating Disorders），簡單敘述如下，可以更清楚分辨自己跟周遭人的狀況。

異食症：會持續吃非營養或是非食物的東西，且超過一個月的時間，而且飲食行爲也是不適當的。

反芻症：爲期至少一個月，食物一再被胃反芻，反芻的食物可能會反覆的被咀嚼、再吞嚥或是吐出來。

迴避、節制型的攝食症：明顯對食物缺乏興趣，迴避食物帶來的感官知覺，憂慮食物造成的後果，以至於體重明顯下降，嚴重缺乏營養，需要依賴營養補充劑，這樣的身心狀況自然會干擾社會及心理功能。

厭食症：強烈害怕體重增加，即使體重已經明顯偏低，仍然覺得自己太胖，對自己的身材有不恰當的評價，持續抑制體重增加，嚴重時會危及生命安全。

因爲厭食症而死亡的案例，最令人感到心疼的是木匠兄弟合唱團的主唱凱倫（Karen），十七歲時她開始節食減重，自此一路從六十四公斤的體重不斷下降，到二十五歲時她瘦到只有三十六公斤，依然覺得自己太胖，吃一點東西就催吐，直到三十二歲時過世。通常爲厭食症所苦的人，在個性上大多是自我控制力過強，在心理上屬於內向、敏感、多疑，情緒起伏不穩。

探索他們從小成長的歷程，有可能是家庭教養過度嚴格，主要照顧者有追求完美傾向，也有可能是小時候有被強迫餵食的經驗，讓他們把「吃東西」跟「痛苦」連結在一起。

暴食症：在一段時間內，吃下遠大於一般人可以吃下的食物量，對食物失去控制，無法停止進食，也無法控制自己吃什麼、吃多少。

吃完食物之後，又會重複出現不當的補償行爲，以避免體重增加，例如自我催吐、濫用瀉藥、使用利尿劑或是灌腸。也有些人是採取禁食或過度運動的方式，來避免體重增加。暴食症狀與不當的補償行爲反覆同時出現，平均每周最少一次，持續三個月的時間。

諮商的過程，接觸過不少爲飲食障礙所苦的人，特別是暴食症的當事人。我發現，他們除了對自己有負向的「身體評價」外，多半也有被家人或情人過度控制的議題，也有可能是人生曾歷經重大失控事件，讓當事人的情緒陷入極度焦慮不安中。

在人格特質上，為暴食症所苦的人往往有強烈的道德理念，努力求全，通常都很在意別人的眼光，期望自己能保持「理想完美」的身形，以得到別人的關注和認同。偏偏他們的內心又堅信自己是不完美的，跟別人互動時會習慣性害羞，不敢表達自己的意見。

這樣的矛盾心理，很容易累積焦慮的情緒，讓他們透過「暴食和清除」的過程釋放焦慮，但緊接而來的不是放鬆的感覺，反而是罪惡與羞愧的情緒。有幾個時間是特別難熬的，下午、傍晚，半夜時分，他們會一個人躲起來獨自經歷身體與情緒的雙重折磨。

要改變飲食障礙，結束狂吃暴食與不當補償行為的循環，首先要了解導致這樣狀況的起因，同時知道會對身體造成什麼傷害，並且學習健康控制體重的方法。但最重要的是轉變「負向的身體評價」，重新塑造正向的自我形象，我們每個人的價值不只光靠外表來決定，從內心增強對自己的信心。

從咖啡研磨生活哲學

由於我自己是個每天都需要喝杯咖啡的人，因此，常常有機會觀察別人喝咖啡的口味和生活哲學之間的連帶關係。我發現，成長背景、工作性格、生活風格不一樣的人，對咖啡的喜好亦完全不同，有人講究咖啡豆的品質和風味，有人愛喝黑咖啡，有人只喝低咖啡因的咖啡，有人堅持喝虹吸式酒精燈煮的咖啡。有趣的是，他們的生活哲學幾乎和他們所選擇的咖啡口味不謀而合。

有次在網路上看到《科學報導》（Scientific Reports）發表的研究指出，人體的基因會決定我們飲用咖啡量的多寡，如果基因對苦味感受較爲強烈的人，就會攝取較少的咖啡。

我立刻印證身邊很多不喝咖啡的人，原因都是覺得「咖啡好苦。」

還有位心理學家德瓦斯拉（Ramani Durvasula）研究上千名的咖啡成癮者，再試著分析：愛喝什麼類型的咖啡跟人格特質的關聯。德瓦斯拉將人格特質分爲內向、外向、完美主義、溫暖、敏感、喜愛社交等類型，然後歸納出受試者對咖啡的五種偏好，包括：喝黑咖啡的人、喝拿鐵咖啡的人、喝低咖啡因咖啡的人、喝即溶咖啡的人、喝調和式咖啡的人。

看到有心理學家跟自己一樣對「咖啡和個性的關聯」有興趣，簡直如獲至寶，爲了印證「研究結果」以及「我的觀察發現」，我也特別請教「專業咖啡業者」的實務心得，發現許多共同的觀點，在此將這三個看法一起並列，可以從不同角度享受探索的樂趣。

自己跟周遭人喜歡喝什麼類型和口味的咖啡呢？不管想進一步認清自己，或是想更深一層了解別人，都不妨從咖啡中研磨出自己和對方的生活哲學。

●喝黑咖啡的人

研究結果：喜歡喝黑咖啡的人個性較爲直來直往，做事也較重視效率，偏向化繁爲簡，但處事時較爲我行我素，有時還會帶點情緒化。

專業咖啡業者的實務心得：愛喝黑咖啡的人喜歡簡單的口感，特別是苦澀回甘的口感，個性上相對獨斷一點。

如果偏愛曼特寧等重烘培咖啡口感的人，個性較爲激烈、衝動一點。偏愛酸味、果酸味口感的人年齡多半比較年輕。而不少年長者較偏愛厚實、可以在嘴巴裡回味很久的咖啡。

我的觀察發現：身邊很多會鑽研不同品種咖啡豆口感的朋友，都具備研究型的個性，會花很多時間了解咖啡豆的產地，跟專家討論如何分辨咖啡豆的品質，學習煮咖啡的技巧。他們對未知的專業挑戰充滿興趣，非常熱愛學習，習慣「打破砂鍋問到底」，善於運用智力及分析能力去觀察事物，直至找到滿意的答案。

●喝調和式咖啡的人

研究結果：喜歡嘗試不同品種咖啡豆混合成調和式咖啡的人，個性上喜愛嘗試新鮮事物、想像力較豐富，也相當熱衷於交朋友，但有時會有點孩子氣。

專業咖啡業者的實務心得：由於調和式咖啡喝不出每種咖啡豆獨特的口感，因此會點調和式咖啡的人，多半不喜歡太苦、太酸的口感，個性上比較享受安逸，不愛勉強自己吃苦。

●喝即溶咖啡的人

研究結果：即溶咖啡的優點就是既方便又省時，喜歡喝即溶咖啡的人，通常比較隨遇而安、不拘小節，但有時太過鬆散的個性，對事情也會有拖延傾向，較不善於事前做好規劃。

我的觀察發現：通常喜歡喝咖啡的人，大概都不太喜歡三合一即溶咖啡的過甜、過淡，以及沒有咖啡的香味；只有在一種情況下才勉強可以接受，那就是想馬上趕走瞌睡蟲的時候。一般來說，喝三合一即溶咖啡的人很少是爲了品嚐咖啡的香醇，多半是爲了提神的目的。

我有個朋友就是三合一即溶咖啡的推廣者，對他來說，時間就是金錢，一分一秒都要花在刀口上，怎麼可以把大好的光陰浪費在煮咖啡這種小事上。

如果問他：「難道不覺得三合一即溶咖啡過甜過淡，又沒有香味嗎？」他會不以爲然的表示：「管什麼香不香，快又有效最重要。」

所以，喝三合一即溶咖啡者的生活態度，就像他選擇的咖啡一樣，屬於實用派。他們無論做任何事情都希望能夠立刻看到結果，至於結果完不完美，則不會那麼在乎，有時甚至會爲了爭取速度而犧牲品質。

● **喝虹吸式酒精燈咖啡的人**

我的觀察發現：看過虹吸式酒精燈煮咖啡的過程嗎？首先，要在底部容器裝入煮沸的開水，再以小巧的酒精燈加熱，然後插上裝好濾紙的上半部漏斗，再將香氣四溢的研磨咖啡粉慢慢倒入漏斗中。等底部容器中的開水沸騰後，立刻動作靈巧地將漏斗固定好，這個時候，滾滾的沸水便會往上直直衝入漏斗中，與咖啡進行一場水火相融的擁抱。

趁著氣氛正熱，煮咖啡的人必須分秒不差將浮上來的咖啡攪拌一下，以免咖啡混濁，香味流失。約莫讓咖啡在漏斗中停留兩三分鐘的光景，即可靜靜地將火熄掉，咖啡液便會暢快地流至底部容器。

想想看，那個畫面多麼優雅、繁複。就像虹吸式酒精燈煮咖啡的過程一樣，喜歡喝這種咖啡的人，多半也很堅持自己一貫的做事方式，非常注重做事的過程，倘若過程讓他覺得有瑕疵，那就算結果圓滿完成，他們依然覺得不完美。

不過，在這個變化快速的時代，如果太堅持自己一貫的做事方式，而不知隨著時代的變遷適時調整，就很容易成為別人眼中固執沒有彈性的人。

● **喝濃縮咖啡的人**

專業咖啡業者的實務心得：偏愛濃縮咖啡（Espresso）的人，多半個性比較果斷，來喝咖啡的時候多半不會聊天，習慣喝完就走。

我的觀察發現：喜歡喝濃縮咖啡的人，無論做什麼事情都要轟轟烈烈的，他們的感官需求似乎比較強烈，咖啡要喝最濃的、酒要喝最烈的、菜要吃最辣的，不然就不過癮。

有個好友就是濃縮咖啡的愛好者，每次和他一起喝咖啡，我都無法想像，他如何能把那杯又黑又苦的不加糖的咖啡喝進肚子裡。

記得在學生時代，這個朋友每次只要談戀愛，都會跟我們一票死黨訴苦說：「怎麼一點談戀愛的感覺都沒有？」當時我們就會笑著跟他說：「你是愛情小說看太多了，才會以爲戀愛的感覺要天旋地轉、天昏地暗的。」畢業之後，大家都各奔前程、各自爲理想抱負努力打拼，沒想到這個同學每次聚會，他又開始哀聲嘆氣說：「怎麼工作起來一點興奮的感覺都沒有？」或許是人生太過平淡無奇，他才需要藉著又濃又苦的咖啡來提振人生士氣。

爲了追求味道強烈的人生，喝濃縮咖啡的人常常會從最少的資源中爆發出最大的力量，也因此，他們的腳步總是走得比別人快，生活亦過得比別人濃烈。對他們來說，人生就像濃縮咖啡的味道一樣，又濃又苦。

●喝拿鐵咖啡的人

研究結果：喝咖啡喜歡加奶加糖的人，個性通常比較溫暖，樂於花自己的時間幫助別人，不過，如果花太多時間在別人身上，有時反而會疏於照顧自己。

專業咖啡業者的實務心得：愛喝拿鐵咖啡的人，個性大多偏向溫和、隨和，尤其是喜歡欣賞美麗咖啡拉花的人，不少是屬於浪漫主義者，注重美感及氣氛。

●喝卡布奇諾咖啡的人

專業咖啡業者的實務心得：在咖啡和牛奶的比例上，拿鐵咖啡的牛奶比例比較多，而卡布奇諾（Cappuccino）的咖啡比例較多，濃濃的咖啡上打上綿綿的奶泡，再撒上肉桂粉，口感層次多元。所以，喜歡喝卡布奇諾咖啡的人，較講究生活品味。

我的觀察發現：下面哪種情景，會覺得比較適合來一杯卡布奇諾呢？

第一種情景：輕鬆自在地坐在咖啡館，點杯咖啡細細品嚐。

第二種情景：呵欠連天地癱在咖啡館，希望能立刻來杯咖啡提神。

我想，絕大多數的人都會選擇第一種情景。

可別小看一杯小小的卡布奇諾，裡面的滋味可多了，有肉桂、乾檸檬片、以及鮮奶泡混合咖啡的香味，就像卡布奇諾富含多種滋味一般，喜歡喝這種口味咖啡的人也希望人生能過得多彩多姿，讓人回味無窮。

●喝用電咖啡壺咖啡的人

我的觀察發現：在許多大辦公室裡，經常可以看到咖啡上癮族用電咖啡壺煮一大壺咖啡，不但自己想喝的時候隨時可以享用，還能分享給其他跟自己一起同甘共苦的夥伴們。

通常會將好東西跟好朋友分享的人，在別人需要他們的時候多半也會適時伸出援手，不會見死不救。

回想多年前在美國遊學時，就經常受到電咖啡壺族的熱情照顧，每當我唸書唸到精神不濟，就會有同學適時遞上一杯咖啡，當時真的覺得對方是日行一善的童子軍，心中充滿無限的溫暖與感激。

●自己磨咖啡豆的獨立派

我的觀察發現：喜歡自己磨咖啡豆的人，一般個性都很獨立，在日常生活當中，他們幾乎每件事都喜歡享受DIY自己動手做的樂趣，從粉刷牆壁、整理花園到修理汽車，他們都要事必躬親，不喜歡假手他人。

而他們之所以如此努力幹活，除了享受DIY的樂趣外，最主要的原因是覺得「只有自己可以把事情做好」，沒有任何人可以取代他們，可說是天生的勞碌命，好在他們也任勞任怨，不會邊做邊罵。

●喝低咖啡因咖啡的人

研究結果：喜愛喝低咖啡因咖啡的人，通常是在意細節的完美主義者，有時可能過於拘泥細節，加上試圖控制事情的發展，因此較容易感到憂慮。

專業咖啡業者的實務心得：通常會點低咖啡因咖啡的人，多半是怕睡不著，或是怕會心悸，所以會仔細詢問相關的咖啡訊息。

我的觀察發現：喜歡喝低咖啡因咖啡的人，大都非常注重身體健康，他們雖然喜愛咖啡的味道，卻不願冒任何一點生命風險，只好選擇有味道而無本質的低咖啡因咖啡。類推到他們的行事風格也是屬於會避開風險，不喜歡生活中發生任何不好的後果。

心境轉變咖啡選擇跟著改變

心理學家德瓦斯拉強調，個性與咖啡類型並非完全畫上等號，習慣喝黑咖啡的人，有時候也可能會嘗試簡單的即溶咖啡，更有不少人習慣數種咖啡交替著喝。

舉我自己為例，以前我是卡布奇諾的愛好者，無論走到世界哪個角落，都會點杯香香濃濃的卡布奇諾，邊喝邊瀏覽周遭景物，抱持的生活哲學是：既不想為工作犧牲一切，更不愛嚴肅度日，人生以快樂為目的。

但慢慢的，我發現自己的心理狀態有些改變，現在我比較偏愛單一咖啡豆煮的咖啡，喜歡簡單純淨的口感。再者，隨著年齡的增長，我已經不能像以前一樣愛什麼時間喝咖啡都可以，晚上以後就要克制想喝咖啡的欲望，以免干擾睡眠。除了需要考慮生理狀況外，我也覺察到，自己會依據現實需要、心情轉換來點杯咖啡，以滿足身心的需求。

沒想到咖啡的影響力這麼大，能爲我們的人生製造酸、甜、苦、澀各種不同的滋味。

從吃飯地點測量人際深度

對忙碌的現代人而言，約人吃飯，除了具備社交應酬的功能，同時也兼具生活娛樂的作用。

隨著年齡增長，我越來越能從跟別人吃飯這件事中獲得樂趣，一頓飯吃下來，往往能聽到許多令人噴飯的生活故事，看到許多眞人演出的爆笑喜劇，或多或少得到一些啟示。

我發覺，跟企圖心旺盛的人一起吃飯，會吃得片刻不得閒，因爲短短一頓吃飯的時間，他們想做的事太多了，一會忙著建立人脈，一會忙著尋找機會，一會忙著打探消息。爲了達成他們的任務，其他同桌吃飯的人也跟著忙碌起來。

跟喜歡抱怨的人一起吃飯，則會吃得不知如何回應。因爲他們會不時提出反問：「我的老闆簡直像獨裁者，對待員工完全不留情面，你的老闆會不會這樣啊？」「唉，我的情人好難伺候，我把西瓜切好、籽挑好，用叉子送到他的嘴邊，他還不吃，你的情人會不會這麼難伺候啊？」當下立刻陷入兩難情境，怎麼回答都不妥。

跟喜歡炫耀的人一起吃飯，會激起羨慕對方的心理。他們會有意無意地展示：「我剛買了一輛百萬名車，哪天帶你去兜風。」「好煩，我從法國帶回來的那一大箱名牌衣服，都找不到機會穿。」這樣的煩惱還眞讓人羨慕。

回想一下，跟朋友吃飯的時候自己都在做些什麼？忙著吃東西？忙著說話？忙著聽話？還是忙著胡思亂想？從現在開始，你又多了一件事情可以做了，那就是邊吃飯邊了解對方的人際深度，譬如：對方的溝通模式屬於讚美型？還是責備型？對朋友大方？還是小氣？

同時也能測量對方的戀家情結，包括：喜不喜歡做家事？愛不愛待在家裡？重不重視居家情趣？至於測量結果則沒有對、錯之分，就看彼此的生活哲學契不契合。

喜歡去餐廳吃飯的人

喜歡去餐廳吃飯的人，有些是屬於不太會照顧自己的類型，對他們來說，「親切周到的服務」有時比「美味可口的菜色」還重要；所以，菜難吃一點尙能勉強吞下去，服務差一點就會嚥不下這口氣。

不擅長做家事的人，有可能是從小父母沒有訓練他們做家事；也可能是討厭做家事，明明會做卻假裝自己不會做。但無論哪一種，他們都習慣被人服務的感覺。

有個朋友跟我分享他的家事哲學，在他的字典裡，「洗菜」的意義等於「煩瑣」；「洗碗」的意義就是「無聊」；而同時做這兩件事的意義就是「浪費時間」。

諮商的過程中發現，習慣「出去外面吃飯」還是「在家裡吃飯」，也是會引發家庭大戰的，尤其是人數眾多和重要節日的時候，最好參照家人之間不同的「家事哲學」跟「金錢習慣」，再討論出一個雙方都能接受的用餐地點。

記得曾有個朋友請一票人到他家吃飯，爲了表達誠意還刻意請老婆大人下廚露兩手。不料，他老婆是個討厭做家事的人，邊做邊跟老公翻臉，看得我們不禁爲朋友捏把冷汗。吃完了這頓淚水與汗水混合的晚飯後，所有的人都非常乖巧懂事的搶著洗碗、搶著整理廚房，以免我們走後朋友被老婆唸到臭頭。

喜歡去餐廳用餐的人，也有一種是重視用餐的氣氛，他們享受的是餐廳提供的燈光、布置，還有浪漫的氣氛、熱鬧歡愉的氣氛，以及漂亮特別的食物擺盤，可以邊用餐邊拍出美麗的照片，再將美照分享給其他朋友。

另一種喜歡去餐廳吃飯的人則是屬於美食主義者。他們可以爲了吃一頓好料，開很久的車、等很長的時間、花很多的錢，皆在所不惜。

和美食主義者一起吃飯，非但能夠品嚐到色香味俱全的佳餚，更能從他們身上學到許多跟食物有關的知識，從材料的等級：哪個地方生產的魚子醬最美味？烹飪的訣竅：鴨肉要怎麼料理才會鮮嫩好吃？餐具的品質：怎麼選擇上好的骨瓷餐具？到跟食物有關的典故：為什麼女人要餵另一半吃松露，以激起對方的情慾等等的話題，都讓人聽得津津有味。

雖然很多美食主義者都燒得一手好菜，但他們依然喜歡去餐廳吃飯，因為他們人生最大的樂趣就是品嚐不同口味、不同做法的食物。因此，如果另一半是個美食主義者，別奢望他每天回家吃晚餐，兩全其美的辦法是，跟著他一起吃遍天下美食。

喜歡請客吃飯的人

身邊有個朋友的另一半非常喜歡請客吃飯，即使手頭不寬裕仍然堅持請客，夫妻常常為此吵架，先生抱持的理由是，人脈就是錢脈、就是機會，越是經濟狀況不好才越要請客，別人才會給我們賺錢的機會。結果花那麼多錢請客有獲得賺錢機會嗎？朋友認為雖然有些許回饋，但是跟付出完全不成比例。

請客吃飯眞的有助於建立人脈，增加賺錢的機會嗎？從心理的角度來看，確實有點幫助。曾有心理學家做過實驗發現，在應酬場合舉辦的談判成功率比較高。實驗的進行過程是，邀請一群受測試者將他們分成兩組，先請他們寫下對某個事件的看法，然後給他們閱讀與其觀點相反的報導，並且特別強調這篇報導是權威專家所寫的。兩組受測試者的差別在於，其中一組提供他們美味的甜點和果汁，另外一組什麼食物都沒有提供，接下來研究人員統計受測試者在閱讀報導後態度轉變的狀況。

研究結果顯示，提供美味甜點和果汁那一組，有百分之九十六的受測試者改變了自己的觀點；而什麼食物都沒有提供的那一組則維持原本的觀點。這個實驗告訴我們，一邊享用美食一邊進行思考的時候，不僅比較容易受到別人觀點的影響，也比較容易被對方說服，進而改變自己的觀點認同對方。

另一個請客吃飯有助於談判或談生意的原因是，吃東西的時候我們的防衛心理會比較降低，對提供食物的人也會比較友善。

除了請客吃飯有利於建構人脈外，請客付帳的過程也會讓我們感覺自己是有能力的，光是聽到大家的道謝回饋，就能得到暫時的肯定感。

習慣叫外送的人

近年來，外送服務在全世界都掀起一股風潮，從心理學的角度來看這股流行風潮，代表外送服務不僅符合我們的生活型態，也滿足集體潛意識的需要。

很多人選擇外送服務，是被優惠的折扣吸引，花費最少的金錢，卻能擁有最大的享受，譬如說買一送一或是壽星免費，就會引發我們叫外送的念頭。

還有不少人是趕著工作，沒時間出去外面覓食，或是不想浪費時間走路、排隊，上網叫外送最方便。還有在家裡忙著照顧孩子的人，既沒時間好好準備餐點，更擔心帶孩子出門會很麻煩，叫外送就可以省去所有的麻煩。

以往忙碌的人都會犧牲口腹之欲，隨便煮個泡麵果腹，現在再忙都可以叫外送享受美食，不用委屈食慾。

外送服務對所有「懶得出門的人」來說，都是最好的選擇，無論是因爲天氣不好、心情不好，都可以叫外送爲自己代勞。

加上外送平台各式各樣、美味可口的食物圖片，也很容易讓我們興起想要嚐嚐看的欲望，有一就有二，之後便會越來越喜歡外送服務。

另一個習慣外送服務的大族群是辦公室的同仁們，或大家一起點餐一起享用美食，或有同仁請客喝杯飲料、吃個點心，都會讓人湧現小小的幸福感。

喜歡在家裡吃飯的人

每個人選擇在家裡吃飯的原因都不太一樣，有些人是擔心外面餐廳做的食物不夠乾淨，爲了避免吃壞肚子，乾脆親自下廚，這樣所有食物都清洗得乾乾淨淨，過程都看得清清楚楚，吃起來才能安心。

也有些人是嫌外面餐廳賣的食物太貴，市場裡一把幾十塊的空心菜，經過餐廳廚師之手就要漲到上百元。與其在餐廳吃得心痛不已，不如回家自己賺炒菜的工錢。

還有些人則是不習慣被別人伺候，服務生在旁邊遞茶水、送毛巾，或是問東問西的，都會讓他覺得渾身不舒服。有趣的是，討厭被別人服侍的人，通常亦不欣賞逢迎拍馬屁的人。

現在有許多人喜歡外送、外帶食物回家裡吃，在完全熟悉的環境中，才能輕鬆自在地吃頓飯。喜歡在家裡吃飯的人，基本上都滿愛待在家裡的，但這並不表示他們對家人的付出是最多的，還必須視其他方面的表現而定。

倘若想知道對方講不講究生活情趣，方法很簡單，下次當對方邀請你到他家做客的時候，不妨利用機會觀察一下他所使用的餐具，一般很注重餐桌布置的人，大多數也會很注重生活情調，喝下午茶時有整套的英式餐具，講究點心與茶點的搭配，自然會用心過生活。

相反地，若連在家裡吃飯都使用全套的免洗餐具，就表示他是個極端怕麻煩的人，連洗碗都懶得做了，更何況是製造浪漫氣氛這種麻煩事了。

習慣吃便當的人

每次吃便當，腦海中就會浮現一個堅持約會都要吃便當的朋友。多年前，有個男性朋友邀請我到他家喝下午茶。當時由於我跟他並不熟，再加上我事前已經與別人有約，便婉謝他的好意：「很抱歉，那天正好我跟朋友約好要看電影。」

他立刻接口：「那就請你的朋友一起來我家喝下午茶好了。」拗不過他的熱情邀請，我只好和朋友更改約會行程。

到他家前，我們兩個人都不敢吃太多東西，心想這麼盛情的邀約，對方大概會準備豐盛的點心招待我們。不料到他家後卻沒有看到任何食物，正納悶：「食物在哪裡呢？」男性朋友突然打開公事包，從裡面拿出一個便當對我們說：「這是今天公司發的便當，不吃可惜，你們就一人一半。」

好不容易吞下那盒冷便當，忽然看見身旁的朋友已經露出快要噎到的表情，我不得不硬著頭皮跟對方討杯水喝。他這才從冰箱裡拿出一罐可樂，分給我們一人一半。就在他打開冰箱的一剎那，我又不小心瞄到他家那台大冰箱裡，只放著兩罐可樂。頓時我的心整個涼了，這表示待會兒我們連水都沒得喝了。

從男性朋友家出來之後，我和同行友人相視而笑，之前熱情邀約之後卻用這種方式招待客人，有一種可能是他非常忙碌沒有時間精力準備食物，有一種可能是他不懂人情世故，跟他做普通朋友偶爾吃吃便當就算了，但若要進一步交往，最好不要抱持太高的期望，心靈才不會擺盪在期望與失望之間，不利於心理健康。

從選擇吃什麼、在哪裡吃，大約能夠了解對方的經濟狀況，以及人格特質，講究門面排場的人，喜歡挑五星級或高級餐廳宴客；重視口腹之欲的人，則只管食材新不新鮮、味道好不好吃，不太在乎裝潢漂不漂亮。因此，下次跟朋友約會時，不妨請對方挑選吃飯地點，或許會有新的發現。

從吃東西看生活型態

如果不帶任何異樣或批評的眼光，純粹當一個生活觀察家，會驚訝地發現，人類的吃相竟然如此豐富多變。

從一個人吃東西的樣子，大概可以看出他從小到大的生活習慣好不好？譬如，重不重視環境衛生？有沒有服務別人的觀念？生活作息有無紀律？自我控制能力強不強？以及對生活的滿意度高不高？

雖然看別人吃東西很有趣，不過在此要特別提醒，可別看得太用力打擾到別人吃東西的心情。

細嚼慢嚥的人

吃東西習慣細嚼慢嚥的人，喜歡小口小口地品嚐食物的滋味。不管是基於養生的考量，或是牙齒不夠健康，還是想表現紳士淑女的風範，都給人小心謹慎、動作緩慢的印象。

細嚼慢嚥的人最常碰到的尷尬場面是，全桌的人都吃完了只等他一個人慢慢吃。假使不趕時間還好，萬一趕時間還堅持吃到最後一口的話，就會被催得消化不良。儘管大家都曉得細嚼慢嚥是良好的飲食習慣，偏偏這個時代事事講求效率，連吃飯都不能放慢速度，結果讓從小養成這個好習慣的人，長大後反而過得很吃力。

喜歡慢慢吃東西的人大多非常注重過程。談戀愛時，他們主張交往過程比結果重要；闖事業時，他們強調做事過程比結果重要；養小孩時，他們認爲成長過程比成績重要。注重過程的人最怕遇到急驚風型的人，會讓他們的人生節奏整個亂掉，陷入焦躁不安的情緒。

狼吞虎嚥的人

和細嚼慢嚥型相反的便是狼吞虎嚥的人。他們有些是從小吃東西的速度就被訓練得很快，有些則是後天環境造成的，例如不少男生在當兵的時候，若是吃得太慢，就會因搶不到食物而餓肚子，不知不覺養成狼吞虎嚥的習慣。

習慣狼吞虎嚥的人非但搶起食物來既迅速又確實，整個吃東西的過程也很有效率，他們常常想不通：明明一口就可以塞進嘴巴的食物，爲什麼要分成好幾口吃。

吃東西速度很快的人，多半做事情的速度也很快。就像看到食物他們只想趕快吃完，而不會慢慢品嚐食物的滋味一樣；碰到事情他們也只想立刻完成，而不會細細體會其中的甘苦。久而久之，他們的人生就會變得只有目標，而沒有過程。

不少吃東西速度很快的人都屬於A型性格，不妨自我覺察看看，下面這些A型性格的行爲習慣，有幾個是符合的。

典型的A型性格特徵

- □喜歡有挑戰性的工作。
- □習慣壓縮時間。
- □總在最短的時間內完成最多事情。
- □覺得休閒娛樂就是浪費時間。
- □寧可將時間精力用來追求高成就。
- □人際互動的過程中，A型性格的人明顯的缺乏耐心。
- □愛跟別人爭辯，因此人際關係有時會處於競爭衝突狀態。

□跟別人相約，通常都會提早或準時到達。
□很少跟別人講心事，習慣隱藏自己的情緒。
□若有同事打斷自己的工作，會覺得很生氣。

檢查看看自己有幾個勾，越多行為習慣符合，就越容易出現A型性格的副作用，例如，身體或情緒都呈現緊張壓力的狀態，對工作負荷的忍耐力非常高，往往會忽略身心失衡的警訊。

邊吃飯邊看書、滑手機的人

習慣邊吃飯邊看書或滑手機的人，很多都擁有強烈的企圖心，也有A型性格傾向，常常會一心二用。他們無論看的是休閒娛樂的書或是正經八百的書，都會給人「吃飯不忘充電」的印象。倘若進一步探索何以他們喜歡一邊吃飯一邊看資訊，就會發現，他們的內心深處都有許多等待實現的夢想，為了能用最少的時間完成最多的夢想，他們要善用每一分每一秒。

還有些人老愛在吃飯的時候思考事情，看著他們若有所思的表情，和飄忽不定的眼神，真教人忍不住替他們擔心，會不會錯把鹽巴當成胡椒粉灑在湯裡，同時也很懷疑，他們知不知道自己吃進了什麼東西。當頭腦塞太多東西的時候，連帶的專注力跟記憶力也會跟著下降。

禮儀至上的人

適度的餐桌禮儀，會讓人覺得優雅而有教養，但若太過注重，則會讓人感到壓力而不自在。朋友中有一位主張禮儀至上的人，他的一舉手、一投足都完全符合國際禮儀的規範，喝完湯會把湯盤秀給你看；此外，叉子要怎麼拿，刀子要怎麼握，亦百分之百按規矩操作。

禮儀至上的人最看不慣同桌吃飯的人完全不懂餐桌禮儀，因為如此一來，不僅沒有人欣賞他們得體的氣質，內心更會陷入「要不要糾正對方錯誤動作」的矛盾中。其實，不只他們吃得難過，跟他們同桌吃飯的人更是如坐針氈，甚至有些人緊張到怎麼拿筷子和刀叉都忘了。

非常重視禮儀的人，多半也很重視外表、講究形式，和這種人相處，最好從吃相、裝扮到禮物都不要太過隨便，以免給對方留下「不尊重主人和場合」的印象。

杯盤狼藉的人

儘管和禮儀至上的人吃飯會有壓迫感，不過和刀叉飛舞的人共餐更不好受。他們一手持刀一手拿叉，邊切食物邊比畫，說到興奮處，更忘了他們手上拿著武器，只見餐桌上刀光叉影地飛來飛去，讓人怵目驚心，深怕一個不小心便受到傷害。

跟動作粗魯的人吃飯則會變得忙碌不堪，他們一下挾食物時不小心掉在桌上，一下是吃東西時湯汁滴在衣服上、一下又是拿東西時打翻飲料，結果一頓飯吃下來，眼前一片狼藉。

我就曾經和漏接食物的人吃過一頓天下大亂的飯，那位朋友的桌前除了堆滿骨頭、蝦殼、魚刺等食物殘骸，還有打翻的熱湯和汽水所形成的水災區域，在視覺與嗅覺的雙重刺激下，還眞是吃得有點反胃不舒服。

這個景象也代表對方的用餐習慣仍然停留在口腔期，還沒有學習好如何自己拿餐具吃飯，需要別人在旁整理善後。

吃什麼都好吃的人

吃什麼都好吃的人，最常掛在嘴邊的一句話就是：「吃是人生一大享受」。跟吃什麼都好吃的人一起用餐，也會覺得食物變得特別好吃，他們不僅會津津有味地品嚐食物，更會津津樂道這個菜的做法、哪家館子做得最道地，而不會邊吃邊嫌：「這道菜的火候不對」、「廚師切菜的功夫實在太差了」。

通常，很容易從食物中得到快樂的人，也很容易從生活中得到樂趣，一塊小小的起士蛋糕，就會讓他們的人生充滿甜蜜感，一件小小的禮物就會讓他們的人生洋溢幸福感。

反之，對長期食慾不振、胃口不佳的人來說，則是吃什麼都不好吃。經常性食慾不好的人，多半較容易緊張，他們無論是體質或個性均屬於敏感型，對未來的發展傾向過度擔心，任何狀況都會搞得他們緊繃焦慮、食不下嚥。

準時吃飯的人

準時吃飯的人腸胃就像定時鬧鐘一樣，一到吃飯時間就會咕嚕咕嚕地叫個不停。一旦超過時間還未塡飽肚子，他們就會顯得心神不寧、坐立難安，甚至有些人會因此變得暴躁易怒。除了解決民生問題要準時外，做其他事情也都有一張時刻表：幾點上廁所、幾點洗澡、幾點上床睡覺，凡事皆按生理時鐘的指示進行，最怕碰到突發狀況，把既定的作息全部打亂，這樣他們便會手忙腳亂。

吃個不停的人

有些人即使肚子已經很飽了，還是忍不住要去翻冰箱找東西吃。而他們之所以會吃個不停，最主要的原因，是想藉著吃東西來放鬆、安慰自己。

我認識一個朋友皮包裡隨時塞滿各式各樣的零食，只要有空就想吃東西，嘴巴永遠停不下來。同時爲了避免存糧不足，最愛拉著親朋好友一起逛超市，看他在零食區流連忘返，聚精會神欣賞、研究每一包食物的樣子，眞的很有趣。

一般嘴饞的人自制力都較弱，最常看到的狀況是，他們一邊嘴巴嚷著要減重，一邊又猛往嘴裏塞零食，然後再痛罵自己：「不可以如此貪吃。」

想要戒掉貪吃的習慣，首先必須找出導致嘴饞的眞正原因：是因爲生活沒有目標？亦是內心缺乏安全感？還是工作過於焦慮？人際關係失和？否則，一味克制自己想吃東西的欲望，一旦欲望反彈後作用力可是很強大的。

暴飲暴食的人

除了嘴饞想吃東西的狀況外，還有些人則是屬於大食客型，大吃大喝毫無節制，無論食物好不好吃，或喜不喜歡吃，都能一掃而空。

通常暴飲暴食的人都有縱慾的傾向，對食物過於依賴，非要吃到「撐破肚子」才會停下來，甚至於有的大食客會隨身攜帶胃藥，以防消化不良。

節食專家的人

身邊不少朋友都是節食專家，不僅對每一樣食物的營養成份瞭如指掌，連卡路里多少都如數家珍，常常一邊吃飯一邊分析，讓人佩服得五體投地。

既然擁有這麼豐富專業的知識，何以還需要不斷節食？深入了解之後才曉得，雖然努力充實與食物相關的學問，也積極進行節食計畫，不過達到目標後，他們就會鬆懈下來，很快就再度復胖，又得重新開始控制飲食。

先吃自己愛吃食物的人

有個朋友曾經跟我說過一段有趣的約會插曲。剛認識他太太的時候，每次約會他都覺得這個女孩很奇怪，會把所有好吃的食物挑出來放在盤子的一角。他心想，既然這個女孩的口味跟我完全不同，那我就幫她吃吧，以免浪費食物。於是，當他吃完自己盤子裡的東西後，便好心地對女孩說：「如果妳吃不下，沒關係，我幫妳吃。」

吃了很長一段時間兩人份的食物後，有一天，那個女孩終於忍不住對他說：「我不是吃不下，而是想把自己愛吃的東西留到最後再慢慢享用。」

朋友這個時候才恍然大悟，原來不是他們吃東西的口味不同，而是他們吃東西的順序完全相反。朋友習慣先吃自己愛吃的東西，太太則把愛吃的食物留到最後再吃。

好玩的是，他們不只吃東西的順序顛倒，連做事情的順序都相反。這位朋友工作時喜歡先做自己感興趣的事，屬於先甘後苦型；而他太太則喜歡先做自己最討厭的事，屬於先苦後甘型。

按順序及規則進食

每個人對順序的定義和要求都不同，譬如說，有人把餐盤當成時鐘，進食的次序必須按照「順時鐘」的方向進行，不能亂掉，否則就會渾身不舒服。還有人是依照顏色排放食物，綠色的放一起、紅色的在一邊，食物必須歸類的井井有條，不然就無法進食。

另外也有人是咀嚼食物的次數有一定標準，像每口食物要咀嚼三十下才能吞進肚子裡，否則就覺得不消化，倘若有人不知道他的咀嚼習慣，在吃飯過程中不斷干擾其計算咀嚼次數，便會讓他們很生氣。

吃東西的時候對秩序、細節要求極高，必須嚴格控制每一個步驟，完美規劃好每一個細節，人格特質偏僵化、固執、沒有彈性，就有可能是強迫型人格傾向。如果因此導致人際關係緊繃，生活功能運作不順暢，就需要心理專業團隊的協助。

從飲食習慣看你的心理需求？

TEST

從一個人的飲食習慣，不僅可以了解心理需求，還能看出自我控制力好不好？不妨提起筆來做做測驗，請根據真實狀況做答。

1. 你通常在什麼狀況下吃東西？
(a)餓到全身無力才會吃東西。
(b)才剛吃完正餐，又想再吃甜點。

2. 在什麼狀況下，腦中會浮現想吃的食物？
(a)會突然很想吃某種食物，例如，空心菜、肉類，或平常不喜歡吃的東西。
(b)常常無法下定決心要吃什麼才好。

3. 飲食會受到情緒影響嗎？
(a)當胃裡有空虛感時會想進食。
(b)當心情沮喪或厭煩時會想進食。

4. 會將食物切成一小片、一小片？
(a)經常如此。

(b)很少如此。

5. 做運動的時候，會在腦中想像：將卡路里燒光的畫面？

(a)經常如此。

(b)很少如此。

6. 吃完東西，常常會有罪惡感？

(a)經常如此。

(b)很少如此。

7. 最愛穿寬寬大大的衣服？

(a)很少如此。

(b)經常如此。

8. 經常穿深色系的衣服？

(a)很少如此。

(b)經常如此。

9. 會穿展現身材的衣服？

(a)經常如此。

(b)很少如此。

※結果分析：

＊123題回答(a)者，代表你對食物的需求屬於生理性，亦即進食是為了補充基本營養，尤其是突然想吃某種食物時，有可能是身體發出的訊號，不妨趕快補充必須的營養。舉例來說，很多孕婦都曾有過「突然想吃某種食物」的經驗，就是身體發出來的訊息。

123題回答(b)者，則意味你對食物的需求屬於心理性，非常依賴食物來撫慰失落無助的情緒。所以，當你才剛吃飽，又想吃東西時，不妨多做一些能夠產生控制感和飽足感的事情，像運動、喝水，改吃低熱量的食物，遠離存放食物的地方，如冰箱和廚房，都是不錯的選擇。

＊456題回答(a)者，你過度控制飲食，有時會使用不健康的手段節食，要特別注意營養均衡。

456題回答(b)者，你不太花心思控制飲食，也不會虧待自己的五臟廟，一個不小心，體重就會直線上升，記得要定時量體重，才不會一發不可收拾。

＊789題回答(a)者，你對自己的身材還算有信心，會適時展現優點，偶爾也會小露性感。對身體抱持健康的態度，即使有人注視你的身材，也不會覺得丟臉或難為情。

789題回答(b)者，很明顯你試圖用衣服隱藏自己，對你而言，衣服穿的越多越有安全感，顏色越暗沉越感到自在，由於擔心別人會嘲笑自己的身材，你討厭任何強調身材的衣服。事實上，這樣的做法，會讓你把注意力都放在自我挑剔上，看不到自我的魅力，還有跟別人互動時，聊天的話題常常圍繞在體重、減肥打轉，別人很難了解你真實的喜好和個性。

到喝酒場合看人性真面目

每次和朋友到PUB喝酒，都深深覺得，燈光昏暗的PUB就彷彿是一間暗房，而各種滋味的美酒就好似顯影液一般，可以映照出一個人的廬山真面目。

曾經在無意間發現，某個朋友是個表裡不一的雙面人嗎？每次和朋友聊天，經常可以聽到下面這些令人百思不得其解的對話：

「看他長得斯斯文文的，怎麼會有暴力傾向呢？」

「想不到他外表一副正經八百的模樣，竟會偷吃女同事的豆腐。」

「眞教人不敢相信，那麼會搞笑的人，怎麼會自我傷害。」

其實，不管掩飾功夫再好的人，他的行爲舉止或多或少都會透露一些蛛絲馬跡，可以尋著線索一路找到他「不想讓別人知道」的隱藏性格。

觀察一個人喝酒的理由，還有酒後的反應，可以看出他有沒有壓抑的情緒？內在有沒有累積大量的矛盾衝突？自信心足不足夠？對別人尊不尊重？是否有內外不一致的傾向？可說是發掘內心陰暗面極具參考價值的資訊。

所以，當你怎麼努力都走不進某個朋友的內心世界，卻又不得不跟他互動的話，不妨找個機會邀他喝個小酒，然後慢慢觀察對方眞實自我的顯影過程。

我看過不少個性壓抑的人，必須藉著酒精的力量來紓解「內外不一致」的壓力，或是酒後跟同事發生扭打，或是酒後對伴侶拳打腳踢，由於看太多酒後「變了一個人」的場面，在此不得不提醒你，經過酒精顯影的面目往往是一個人最脆弱、也最麻煩的一面，不妨先做好心理準備。

一喝酒就囉嗦個沒完沒了的人

有個朋友自從被公司調到南部上班後，就開始藉著酒精逃避現實世界。幾乎所有的朋友都曾在半夜三更接過他的電話，聽過他的酒後心聲。而他的心聲其實只有幾句話：

「我好寂寞哦。」

「唉，都沒有朋友關心我。」

「大家都不了解我的痛苦。」

聽來聽去就這三句話，可是，不管如何安慰他，皆無法打斷他講重複的話，除非狠下心來掛斷他的電話，才能停止午夜的疲勞轟炸。

根據我長期的觀察，一喝酒就囉嗦個沒完沒了的人，有些是理想過高，卻不願對現實妥協的人；有些是平日爲人謹言愼行，很少跟別人分享心事，擔心留下把柄在別人手上的人；有些則是做事一絲不苟，深怕出任何差錯的人。

但無論是哪一種人，他們的內心都承受著巨大的壓力，這股壓力一旦藉酒精發洩出來，後座用力往往強烈到連當事人都難以控制，而且第二天清醒之後，他們完全不記得前一天說過什麼話，直到看到朋友所錄的影片後，才會滿懷羞愧感，驚訝自己居然會講這麼多話。

一喝酒就瘋瘋癲癲的人

一般來說，會藉酒裝瘋或藉酒壯膽的人，在現實世界裡多半也有雙重性格的傾向。

像我有個朋友平常工作態度非常認眞，但奇怪的是，只要一喝酒他就彷彿變了一個人似的，滿口胡言亂語。

有一次喝醉酒，他竟然對鄰座的陌生女子說：「小姐妳好漂亮，妳的雙腿可不可以爲我張開？」

可是，第二天等他酒醒，提醒他這件事情的時候，他竟然義正辭嚴地反駁說：「拜託，我怎麼可能說出這麼沒有水準的話。」除非錄影存證，否則不管多麼肯定他說過這句話，他一概打死不承認。

如果沒有親眼目睹、親耳聽見的話，眞不敢相信眼前這位保守、認眞、敬業的專業人士會語言性騷擾別人。

一喝酒就變成超級大膽的人，很多平常是個膽小怕事的人，若他原本膽子就很大，哪裡還需要藉酒壯膽。

會藉酒裝瘋的人，不少人際關係都有點緊繃，或害怕跟別人太過親密，或極度渴望被別人肯定，或老愛自我否定，因此需要透過酒精來改變自我的觀感和性格，拘謹的人會變豪放，緊張大師會變得輕鬆幽默，這種感覺會讓他們產生錯覺，誤以爲酒精有助於拉近人際關係。

一喝酒就手腳不安分的人

說起一喝酒就會動手動腳的人，我可是有一籮筐的經驗談。

有個朋友平常滿口的仁義道德，一下提倡環保精神、一下鼓吹愛國精神。可是，三杯黃湯一下肚，他什麼偉大的情操都不見了，只見一雙大手偷偷摸摸地伸到鄰座女子的身上，然後慢慢地從頭開始往下摸。偷摸路線圖通常是先摸頭，讓對方不會立即提高警覺，再移到肩膀，讓對方以爲他在表示友好，接著一路下滑到背部。

剛開始，我非常不能接受這種滿口仁義道德，私底下卻毛手毛腳的人，然而當我了解他的內在心理後，雖然稍能同理他的人性弱點，但還是不能接受他性騷擾別人的行爲，希望他可以接受心理專業治療。

我發現，會養成這種特殊毛病的人，可能是成長過程中，曾經很難引起異性注意，或是長期得不到異性青睞，便只好暗中從事色情活動了。

碰到這種欲求不滿的人，千萬不能想要息事寧人，務必採取保護行動，以免他們的行為會越來越有侵略性。

通常我的作法是，馬上起身去廁所，回來後想辦法換個位子坐以「保持安全距離」，倘若對方仍沒有自制力，還敢偷偷坐到我身邊的話，不必猶豫，立刻起身走人，完全不必顧慮他的面子問題。

一喝酒就有暴力行為的人

另外還有一種手腳不安分的類型是，一喝酒肢體動作就變得大而粗魯，輕則東敲西打，重則摔杯子砸椅子，不把現場弄得雞飛狗跳，是不會輕易住手的。

新聞中常見的酒後暴力事件，譬如說，喝酒醉後大鬧急診室，或是跟朋友喝酒聊天，沒想到酒後情緒激動，竟然割腕意圖輕生。有這些舉動的人通常反抗心理都比較強，他們既不喜歡受到教條的約束，亦不願過規律的生活，內心非常渴望能夠與眾不同，因此，有些時候他們會突然做出讓人飽受驚嚇的事情。

喝酒後會出現暴力行為，酒醒後又會合理化暴力行為，不斷強調自己：「我喝醉了，不知道發生什麼事情。」這個行為的背後意涵是，他們習慣以酗酒、暴力來解決壓力問題，通常溝通技巧不良，喜愛控制別人，但自我控制能力不佳，明明知道自己酒後會失控，卻不思考如何控制自己的喝酒行爲，也不去尋找到釋放壓力的健康管道，放任自己不斷的喝酒失控再傷害別人，進入暴力的循環圈中。

一般有暴力傾向的人，很少會承認自己有錯，或自己需要改變，總是覺得自己很苦，都是因爲對方不聽話，只好打對方，自己並沒有眞心傷害對方的意圖。

更麻煩的是，喝酒非但不能紓解壓力，還會產生成癮問題，一旦酒精依賴，又要治療酒精戒斷，面對一連串的戒斷症候群，讓自己陷入更大的身心痛苦中。

一喝酒就自我吹噓的人

不少喜歡喝酒的人都覺得自己交遊廣闊、人面很熟，爲了感受自己走到哪裡都吃得開，他們最大的嗜好便是到處喝酒、到處交朋友，這樣不管他們走到哪裡都可以碰到認識的熟人，不愁沒有聊天解悶的對象。

有趣的是，若仔細聆聽他們到底在聊些什麼，就會發現，喝過酒的人講話聲音都特別大，很多人一喝酒就開始自我吹噓，吹噓自己對公司的功勞有多大，吹噓自己的女朋友有多乖巧懂事，吹噓自己結交的朋友多有身分地位，吹噓自己當兵的時候有多神勇。

其實，很多喜歡吹噓的人內心都很空虛，才會想藉著誇大不實的豐功偉業來吸引別人的注意力。

有個朋友的行為讓我很苦惱，明明才剛認識，卻四處跟別人說他跟我已經熟到「從小一起長大的地步」，偏偏又不能當衆刺破他說：「我跟你一點也不熟。」眞的很痛苦。

每次碰到愛吹噓的人，我的應對之道皆是，遠離他的視線範圍，讓他無法借題發揮。

喜歡獨自喝悶酒的人

曾經看過一個獨自喝悶酒的女生，讓我留下深刻印象。她不但每次都一個人喝悶酒，而且還自創一套遊戲規則，如果她的杯墊是正面的，就表示「今天本姑娘心情不好，任何人都不能搭訕」；相反的，若杯墊是反面的，就表示「今天本姑娘心情不錯，任何人都可以搭訕」。假使有哪個人不明就裡違反了她的遊戲規則，那她也不會給對方好臉色看。

大致上來說，喜歡獨自喝悶酒的人多半情緒起伏比較大，個性也比較難以捉摸，好的時候很好，壞的時候則會把周遭人折磨到精神不堪負荷的程度。

事實上，有時候連他們自己都不知道情緒低落、情緒轉變的原因，沒來由的渾身覺得不舒服，時間多半在下午、傍晚或是半夜，試圖透過酒精讓自己好過一點。

如果周遭親人朋友也有這種狀況，就需要來做心理諮商，沒有原因的情緒低落有可能是憂鬱傾向，也有可能肇因於小時候的成長壓力，需要協助他們探索情緒變化的根源，進而找到調節情緒的有效方法。

一喝酒就會失憶斷片的人

上面這幾種喝酒反應的人，如果喝酒後還會失憶斷片，代表他們可能過著雙重人生，現實生活中他們充滿自信、工作認眞、事業成功，對朋友講義氣，過著人人稱羨的生活；但內心深處別人看不到的世界，他們卻感覺不到家庭的溫暖，隱藏大量孤單寂寞的缺愛感受，才會一喝酒就失去自我控制，跟現實生活中的理智樣貌完全不同，不斷讓自己在失憶的過程中重複著「清醒後懊惱」的行爲。

喝酒後引吭高歌的人

在朋友的喜宴上或公司尾牙宴時，有些人一喝酒就喜歡扯開喉嚨大聲高歌，也不管自己的五音全不全、歌聲優不優美。由於酒精會抑制一個人的自我控制，所以，拿掉自我控制後的行爲反應是引吭高歌，代表他內心沒有太多負向的情緒，個性較爲開朗正向，喜歡與人溝通，人緣通常還不錯，會透過認識新朋友拓展生活圈，對未來也抱持希望與期待。

絕不讓自己喝醉的人

一般在喝酒的場合，氣味相投的酒友們都會彼此勸君更進一杯酒，就這樣你一杯、我一杯的互相敬來敬去，很容易便會喝醉。

也因此，喝酒的時候最能測出一個人的自制力好不好。自制力強的人多半知道自己的酒量在哪裡，一發現到達警戒線即會適可而止，絕不貪杯。除了擁有不錯的自制力外，這種類型的人協調力多半也不差，合群性強，非常善於處理人際關係。

靠喝酒睡眠的人

在精神科診所做諮商的過程中，最常遇到的酗酒狀況，一種是失戀或有創傷靠喝酒麻醉自己，一種是酒後有暴力行為，另一種是靠喝酒才能睡眠的人，這三種人都很容易有酒精依賴。擁有克己性格的人，通常做事會過度謹慎，時時保持警戒，不容易放鬆睡個好覺。加上他們不習慣跟別人傾吐心事，外表看起來堅強能幹，內在可能脆弱無助，既不容易釋放累積心中的情緒，也非常缺乏安全感，所以會藉著喝酒來麻痺感覺，得到短暫而虛假的安全感。

成功驅力很強的人常會睡不好，他們會不斷鞭策自己：我應該如何、如何，不允許自己鬆懈。驅力很強的人連睡眠都抱持要「立刻睡著」的想法，期望「每件事情都要安排妥當」，一旦事情進展不如預期，他們便會感到焦急，給自己過高的期待，期待躺下就要馬上睡著。

因此，失眠其實在提醒我們：究竟對自己隱瞞了什麼感受？失眠也在告訴我們：自己的人性弱點在哪裡？當我們願意接受自己的弱點，心靈便會成長。

想靠喝酒睡個好覺，是不太可能的，喝酒反而會導致早醒影響睡眠品質。想要遠離酒精的負向影響，需要先接納、了解自己，當內心有了真正的安全感、安心感，自然可以放鬆睡個好覺。

◀分析：酗酒者的特質

酗酒者的心理狀態

1. 有些酗酒者是屬於個性衝動、頭腦固執、脾氣暴躁，想要什麼就要得到，不太會顧慮別人的想法。
2. 也有些酗酒者很容易焦慮，內心時常處於混亂痛苦、自我懷疑的狀態，需要依靠酒的力量來放鬆緊繃的情緒，同時建立自信心。
3. 許多酗酒者內心都有強烈的被壓抑感，或是累積大量的憤怒，常常陷入空虛、寂寞、沮喪、害怕的情緒中，為了消除這些讓自己不舒服的情緒，便會依賴酒精來紓解內心的苦悶情緒。

4. 看到別人工作順利、感情幸福，會讓酗酒者覺得很不安，似乎別人的成功會提醒自己的失敗，也因此，酗酒者喜歡聽悲慘的故事，不愛聽到別人的喜訊，包括喬遷之喜、升官發財，都會令其產生不快的感覺。

5. 酒醒之後，酗酒者往往會擔心自己喝醉時有沒有說錯話？會不會醜態百出，做出什麼丟人現眼的事情？由於清醒後深陷懊惱的情緒中，會讓酗酒者更想藉酒澆愁。

酗酒者的行為模式

1. 酗酒者常常獨自一人躲在角落，安安靜靜的喝酒，一杯接一杯下肚後，就會不斷跟別人和自己說：「再喝一杯就不喝了，這是最後一杯。」

2. 酗酒者多半有一群固定的酒友，一有時間便會相約喝酒，而且會互相敬酒：「來，喝酒。」

3. 邊哭邊喝酒，喝醉之後，酗酒者往往會忍不住打電話跟別人訴苦，尤其是三更半夜會讓酗酒者備感孤單寂寞，也不管是否擾人清夢，仍然會打電話給認識的親人朋友訴說內心的苦悶情緒。

4. 由於不想讓別人知道自己喝了多少酒，酗酒者會開始偷偷藏酒，或是隱瞞喝酒的量，甚至會編各種謊言和藉口，只爲了能夠喝酒。

5. 酗酒者習於指責別人，把生活不順的責任推給別人，因此喝酒後常會跟別人發生口角，甚至爆發肢體衝突。

6. 喝酒之後的行爲反應包括：

＊性衝動失控

＊容易出現攻擊行爲

＊情緒過分氾濫

＊判斷能力變差

＊工作效率降低

＊口齒不清

喝酒一段時間後如果突然中斷喝酒，會出現下面這些戒斷症候群：焦慮、憂鬱、易怒、坐立不安、出現幻覺或錯覺，容易早醒影響睡眠品質。

第五章

從特殊「性偏好」洞察人心

insight into people's psychology from habits

對男人而言，性愛不只是發洩欲望的管道，更可以「感覺自己像個男人」，同時還能「減輕焦慮不安的情緒」，並且「調適生活壓力」。也因此，一旦男人在性愛上面得不到滿足，就會產生嚴重的「性焦慮」，爲了降低焦慮感，男人會嘗試各種不可思議的方法，甚至養成「危險的性偏好」的習慣。

危險的性偏好

危險的性偏好（Paraphilic Disorder）指的是，「性對象」和「性目的」的不恰當。有「危險的性偏好」的人會重複下面這些行爲以引起性興奮：

* 戀物者迷戀非人類的物品。
* 會爲自我或他人帶來痛苦或羞辱。
* 性的對象是小孩或其他不爲一般所接受的對象。
* 有性偏好的人百分之九十五是男性。
* 一旦形成偏好，會表現出極穩定的「性趣」。
* 有性偏好者跟社會的關係多半很疏離。
* 性偏好者普遍給人不成熟感。

＊性偏好者很多有性功能障礙。

《精神疾病診斷準則手冊 DSM-5》提到的性偏好症，包括：窺視症、暴露症、摩擦症、性被虐症、性施虐症、戀童症、戀物症、異裝症。而我在書中使用的性偏好名稱，是以社會大眾比較熟悉的名稱爲主，內容則以生活中常見，以及諮商過程遇過的狀況爲主。

偷窺（窺視）偏好的人

持續六個月以上，反覆出現的強烈性衝動及性幻想，渴望窺視不知情異性的裸體、脫衣過程、如廁的樣子，或是別人的性行爲。偷窺偏好的人會順著自己的衝動行事，但同時又厭惡自己的行爲，因而會出現明顯的挫折感。他們多半很早就開始偷窺生涯，有文獻記載，半數以上的窺視症者十五歲前就發現自己會經由偷窺達到快感。

諮商的過程中，探索有偷窺習慣者第一次的經驗，發現每個人都不一樣，有人是急著上廁所時不小心誤闖女生廁所，之後突然走進一群女生，聽到女生嘻嘻哈哈的聊天笑聲，既緊張又興奮，頓時產生偷窺的欲望，從此深陷其中無法自拔。也有人是始於青春期，對異性的性器官充滿好奇，會一直出現「想偷看」的強迫性念頭，這個念頭會盤旋腦海多年，直到有一天，化爲偷窺的強迫性行爲。

有偷窺偏好的人通常會花一到三小時，在自己喜歡的地方「狩獵」，經常在室外，例如臥房、浴室、公共廁所、牆上小洞偷窺。而且越有可能被發現的地方越感到興奮，他們時常在偷窺時自慰，也有人習慣事後回憶時才自慰。

過去任教的學校曾經有個偷窺偏好的校友，即使已經畢業多年，他仍然習慣回學校女廁偷窺，把女學生嚇到奪門而出。也有研究所的高材生，到圖書館唸書的時候，看到鄰座穿著熱褲的年輕辣妹露出修長美腿，竟尾隨對方進入女廁，跪趴在地上偷窺對方如廁，整個過程都被監視器拍下。還有公司主管從輕鋼架天花板的破洞，偷窺並拍攝女同事更衣沐浴，因誤觸相機閃光燈，才被女同事發現。

除了去熟悉喜歡的地方偷窺外，有此習慣的人也愛趁著別人專注於某一件事情時偷窺，例如利用別人在書店專心看某本書，或是別人在賣場專心挑選物品，或趁別人專注於講電話、搭電梯，忽略周遭環境時偷偷伸出手機偷拍，以為不會被發現。

我曾經在書店遇過一個以紙袋掩蓋的偷窺偏好者，由於他全副武裝，戴口罩、戴帽子，裝扮實在太搶眼了，沒多久就被我發現，我立即通報店家，他飽受驚嚇拔腿狂奔。

現在隨著針孔拍攝科技的進步，偷窺的招數更是多樣化，無論公司或公共廁所，都有偷窺者利用各種掩蓋物裝設針孔拍攝，令人防不勝防。

戀物偏好的人

有戀物偏好的人必須透過某種「無生命」的物品，才能引發性興奮或性高潮，他們缺乏和眞實的人產生性快感的追求熱度，反而對「所戀物品」懷著高度的興奮感，而且時間持續六個月以上，反覆對「所戀物品」出現強烈的性衝動及性幻想。倘若他們所戀的是異性的衣物，戀物癖者通常會穿戴那些衣物自慰，或從事性行爲。他們大多是異性戀者，對自己的生理性別不會有認同的問題。

曾有戀物偏好者靠著一根長長的竹竿，到處偷竊女性的貼身衣物，由於他幾乎每天都在固定的地點竊取女性內衣，早就被監視器拍下臉孔，警方依照線索，循線逮捕到他。而「被戀的物體」，最常見的就是女性的貼身內衣，此外，襪子和鞋子也是戀物癖者的所愛。

在台灣曾看過有戀物偏好者對女性高跟鞋有特殊愛好，常常潛入公寓偷竊女性住戶的高跟鞋，數量多達五百多雙，由於數量實在太多，他還特別挪出家裡的兩個房間來堆放偷來的鞋子，直到警方上門查詢，同住在一個屋簷下的媽媽對這樣的狀況卻毫不知情，可見母子關係有多疏離。曾經有在外租屋的女學生的貼身內衣物常常不翼而飛，詢問我該怎麼處理比較好？而當我請她去報警的時候，女學生認爲，反正這些貼身衣物找回來也不敢再穿，就不用如此麻煩警察先生了。這樣的想法有可能將自己置於險境而不自知，因爲從剛剛提到的案例中就會發現，戀物偏好者常常會在固定的地方偷竊，萬一哪天不期而遇可是很危險的。更值得擔心的是，戀物偏好者常常藉由性幻想滿足性慾望，所以，很可能「你不認識他，而戀物偏好者是認得你的」，要是有一天幻想已經無法滿足他，而直接來找你的時候，還是有潛藏的危險性。

暴露偏好的人

超過六個月的時間，藉由暴露自己的生殖器給沒有預期此情境的他人，進而體現到重複且強烈的性喚起，呈現在幻想、衝動或行為上。

暴露偏好的人通常都會選擇在陰暗的街角，或人跡較少的公園，或乘客較少的車廂，或上下學時校園的附近，對非自願的陌生人暴露性器官，然後從觀看者的反應得到快感。

周遭認識的女性朋友中，曾經碰過暴露偏好者的比例並不低，年齡越小受到的驚嚇越大。從心理的角度來看，不少暴露偏好者因為缺乏男性氣概，才需要透過別人的驚嚇反應來滿足自己的男性氣概需求。也因此，有些人主張，遇到暴露偏好者的時候，最好羞辱他，讓他羞愧到無地自容。我很不贊成這樣的做法，原因是羞愧很容易轉成憤怒，激發意料之外的攻擊行為。

摩擦偏好的人

至少六個月的時間，摩擦偏好者對於未經同意者的身體碰觸或摩擦，體現到重複且強烈的性喚起。

每年到了人擠人的跨年晚會前一段時間，正當大家熱烈討論今年要去哪裡跨年時，摩擦偏好者的內心也會進入矛盾衝突的拔河期，一方面試圖克制自己的欲望，另一方面又不想錯過一年一度難得的機會。而天人交戰的結果，最後往往還是性慾戰勝了理智，再度陷入摩擦的快感中。

戀童偏好的人

持續六個月，一再對青春期前的兒童產生強烈的性衝動及性幻想，以及發生性行爲。一般戀童偏好者對於兒童的性別是男女不拘的，但是女童被侵害的危險性更高。

性被虐偏好的人

連續六個月的時間，一再經驗到強烈的性衝動，還有性刺激的想像，想像的內容包括：被鞭打、被羞辱、被綑綁。受到性衝動與性想像的驅力影響，會促使有性被虐偏好的人在眞實情境中安排自己體驗被凌虐的過程。一般人很難理解何以有人會對自己施以酷刑，用圖釘刺傷自己，找人鞭打自己，把自己綑綁起來，強迫別人用各種方式羞辱自己。

還有一種性被虐習慣很容易一個不小心便導致喪命，那就是「偏好窒息」，他們會用各種方法讓自己進入缺氧的危險情境中，以獲得性興奮的快感。

何以一個人要讓身體承受這麼大的痛苦卻甘之如飴？可想而知，內在心裡的痛苦有多大，需要把痛苦轉移到身體上，才能讓自己好過一點。

性施虐偏好的人

《格雷的五十道陰影》這部電影，生動的描述了性施虐者的心理以及過程，雖然是過度美化，但也呈現出性施虐偏好者的心理狀態。

連續六個月的時間，反覆出現強烈的性衝動和性想像，他們藉由傷害性的手段致使別人身心遭受極度的痛苦，再透過目睹別人受苦的景象和表情，來引發性興奮和性快感。

性偏差行為者的心理特徵

性偏差行爲者通常比較年輕，社交技巧不足，比起同年齡的人，較少有與異性交往的經驗，特別是建立親密關係的技巧，他們普遍缺乏循序漸進培養親密關係的能力。

此外，不健全的親子關係，連帶也會造成不成熟的人格發展，他們也經常產生強烈的自卑感和無法勝任感。性偏差行為的人對自己的感受多半是極度嫌惡的，既討厭自己的偏好，又控制不了自己的行為。

性偏差行為的人往往缺乏正確的性知識，他們對性充滿好奇，卻又沒有適當管道了解健康的性知識，於是便透過不健康的A片吸收到錯誤性知識，在行為上有樣學樣，漸漸形成扭曲的性價值觀。

但遺憾的是，在台灣要推廣不同年齡層的性教育，一直遭到社會大眾的誤解，事實上，性教育不止是探討性生理與性行為，或只是論談兩性行為的狹隘範疇，而是一種人格教育、全人教育，教導我們如何做一個適應社會的男人或女人；更教導我們如何了解自己的身心狀況，同時尊重別人的身體自主權，有健康的心理才有可能經營幸福的親密關係。

性偏差行為的治療

雖然性偏差行為者需要專業的心理治療，可是眞正勇敢接受治療的人少之又少，他們大多不敢現身面對自己的陰暗面。

治療的過程中，除了探討他們從小到大的性心理發展歷程，以及這些物品滿足性偏差行為者什麼需求外，還要了解性偏差行為者想要改變什麼？

再者，掌握性偏差行為者的衝動控制情形也很重要，例如嘗試過哪些自我控制的方式？是否可以轉移目標？哪些衝動控制的方式比較有效？譬如打電話給別人，或透過運動或做呼吸練習來降低衝動。

曾有性偏差行為者詢問要如何克制自己的衝動行為，討論之後發現，幾乎專業提供的方式他都試過，但對他都沒有效果，以至於他覺得非常挫折，不知道還有什麼方式可以控制自己的衝動。事實上，眞的要有效果，就是要反覆練習，直到效果發揮。所以性偏差行為治療的關鍵就在於如何不被挫折感打敗，並且同時改變降低挫折感的方式，願意持續練習，不放棄希望，達到停止性偏差行為的目標。當然，更重要的是，提醒性偏差行為者的犯罪責任，以及會對別人的身心造成什麼影響。

由於很多性偏差行為者在人際互動的過程中都有高度焦慮，內在呈現不安的情緒狀態，若想消除性偏差的不良習慣，就要學習化解焦慮的情緒，發展正常滿意的人際關係。

首先要找出他們的「焦慮源頭」，例如哪些人際互動情境會產生焦慮感？如果身體會呈現出緊張焦慮的狀態，可以先覺察自己的身體，集中注意力在身體的不同部位上，如手部、肩膀、胃部，然後關注每一個部位的感受，再利用呼吸練習，逐步消除焦慮感。

第一步是，列出「焦慮情境」的清單，像是「主動跟異性打招呼」、「跟認識的朋友聊天」、「討論自己的困擾」等等狀況，接著，按照焦慮程度排列，從「最不焦慮」的情境，一直排到「最焦慮」的情境。

第二步就是，從「最不焦慮的情境」開始行動，如和熟悉的朋友打招呼，起初可能會覺得怪怪的，依然會感到焦慮不安，但沒有關係，練習幾次以後就會慢慢習慣，並且越來越自在，此時再進展到下一個步驟，繼續練習下一個情境。

要調整性偏差行爲，根本的解藥就是心理健康，當心理健康，人際關係良好，自然能夠享受愉悅美好的性生活。

◀性心理發展歷程

我們人生第一個階段的性反應都是自戀的，透過身體尋找快樂的泉源，最爲人所知的是佛洛伊德提出的「性心理發展」論點，佛洛伊德將「性」界定爲「任何可以令人感覺愉快的身體刺激」，而且不只會在青春期後才出現，因此他將人類的性心理發展分爲：「口腔期」、「肛門期」、「性蕾期」、「潛伏期」和「性器期」五個階段。

口腔期（The oral stage，0—1歲）

「口腔期」階段，嬰兒透過口腔活動，如吸吮、吞嚥、咀嚼、啃咬，得到快樂與舒適的感受，因此嬰兒會將所有身邊抓得到的東西往嘴裡塞，透過刺激嘴、唇和舌以獲得快感。吸吮能夠讓嬰兒感覺到安全與舒適，所以，如果這個階段主要照顧者給嬰兒足夠的時間、放鬆的氣氛，不急不徐、慢慢餵奶，對安定嬰兒情緒有非常重要的功能。若欲望得不到滿足，寶寶會哭鬧或手腳亂踢，這時只要把奶嘴塞入寶寶口中，就會使他安靜下來。

在口腔期階段，假如嬰兒得到過少或過多的刺激與滿足，那麼正常的性反應過程便可能會受到阻礙，進而養成頑固、不良的口腔期性行爲習慣，長大後也常常會以「口慾滿足」代替「性慾滿足」，像是以口交代替性交。

面對壓力時，若常以大吃大喝、喋喋不休地講話、不自覺地咬指甲、抽菸喝酒等方式來緩解緊張的人，通常都與口腔期階段遭受挫折或不能獲得滿足有關。諮商的過程中，最常看到的口腔期行爲就是咬手指、咬指甲，還有咬頭髮的，也有人是吸食拇指，當人們感受威脅時，心理會產生退化作用，行爲也會無意識跟著退化到幼兒時期。

像我就曾經聽過很多類似的故事，碰到家人生病，或事業不順的時候，都採取借酒消愁方式，逃避現實世界的苦難，而不是想辦法解決問題、克服困難。

擁有口腔期性格的人，在個性上，會傾向悲觀、依賴、潔癖。較爲重視口慾的享受，不太願意放棄口腔期的快樂，渴望別人主動照顧、關愛、保護自己，人際互動時也以「自我需求滿足」爲主，不太會主動滿足別人的需求。性行爲過程中，也只在意自己的性需求有沒有得到滿足，而不關心對方是不是同樣也得到性滿足。

還有些人會滯留於「口腔攻擊期」，他們會口頭攻擊別人，或是對別人冷嘲熱諷，或是酷愛跟別人爭辯；性行爲時也喜歡「啃咬」情人，像是把情人全身「種滿草莓」，享受強力吸吮的樂趣，卻忽略對情人身心造成的傷害；或用力狠咬情人留下深深的齒痕，好長一段時間都不會消退。

口腔期階段如果發展不順利，對人格會產生深遠的影響，像是很難信任別人，會拒絕別人的愛意，害怕跟別人形成親密關係；若能夠發展順利，即可進入下一個階段。

肛門期（The anal stage，1—3歲）

家長通常會在此一階段開始訓練孩子自己大小便，孩子一旦體會到解便的快感，有時會出現不該解便時解便，或是該解便時不解便的反抗行爲。

佛洛伊德認爲，除了肛門期所帶來的快感較口腔期強烈之外，此時的性態度都與肛門有關，肛門一帶成爲敏感帶，幼兒會在排便過程中開始注意、接觸到生殖器官，進而萌生初步的性感覺。

如果在肛門期階段，父母的管教太過嚴格，孩子可能會形成頑固、強迫型的人格傾向。相反的，倘若父母的教養太過放縱，孩子未來則很容易過度縱慾，甚至做出傷風敗俗，殘忍破壞的恐怖行爲。還有很多人獨特的如廁習慣，也多半是從肛門期開始養成的，譬如說，會認廁所，無法在外面上廁所；上廁所時要脫下身上衣物，才能輕鬆解放；或是上完廁所後一定要用水沖洗等等。

此外，肛門期這個階段，也是我們開始學習獨立自主、自我主張的重要時期，可以說是人生的第一個叛逆期。

擁有肛門期性格的人，非常注意生活環境是否乾淨整潔，家裡不能有灰塵、水漬，東西不能掛歪亂放。對於時間和金錢的控制也很嚴格，不僅會守時，而且每分錢都要求花在刀口上，不喜歡有任何金錢損失，也因此，常會給人斤斤計較的印象。他們很少表達情感，凡事訴諸理性，有時會給人沒有同理心的感覺。無論做什麼事情都堅持完美，既無法容忍錯誤瑕疵，也無法接受模稜兩可的答案，一定要給肯定的答案。

在親密關係中，肛門期性格的人也會嚴格要求另一半要達到他們訂下的完美標準，無形中給另一半極大的壓力，跟他們生活在一起隨時隨地都戰戰兢兢，完全無法放鬆。我看過有人因此有恐慌症或創傷後壓力症候群，再也無法跟有肛門期性格的伴侶生活下去。

性蕾期（The phallic stage，3－6歲）

在最初的口腔期及肛門期階段，兒童兩性的分化並不清楚，要到了「性蕾期」，性別的分化才會逐漸明朗。「性蕾期」這段期間是「生殖器官概念」與「性別認同」的重要奠基時期，幼兒身體滿足已從口腔、肛門轉到自己的生殖器官，並且產生高度興趣。

佛洛伊德認為這個時期的幼兒發現撫弄自己生殖器官會帶來的愉悅感，因此產生撫摸行為，有時甚至會將興趣轉移到自己的異性父母身上。

相信很多人都聽過「戀父情結」和「戀母情結」。三到六歲「性蕾期」階段，幼兒的基本衝突環繞在異性的父母身上，由於「性蕾期」潛意識的欲望會威脅到同性別的父母，幼兒在受到壓抑後可能有戀母情結及戀父情結的產生。而父母親如何因應這些情結，對兒童的「性態度」以及「對異性感受」是會有直接影響的。

在母親面前受挫的男孩，潛意識對女性可能會產生負面或憤恨的態度，相反的，在父親面前受挫的女孩，也可能對男性產生負面的態度。擁有「性蕾期」性格的人，大多對自己充滿信心，對自己所做的事情也會感到驕傲，工作時精力旺盛，言行舉止引人注意，喜歡接受挑戰、追求權力，獲得高工作成就，努力達到高人一等的地位與權勢。但相對的，有「性蕾期」性格的人攻擊力也比較強，對別人講話習慣直言不諱，比較不在意別人的感受。

潛伏期（The latent stage，7—12歲）

從七歲到十二歲進入「潛伏期」階段，男生和女孩的互動大都是「楚河漢界」、壁壘分明，來往的比較疏遠，對異性的興趣也較不明確。團體活動時大多男女分離，男生跟男生玩，女生跟女生玩。

擁有「潛伏期」性格的人，比較有能力排除性刺激的干擾，也較有能力處理複雜的人際關係，能夠穩定的學習、成長，創造、計畫事情，完成各種任務。

在「潛伏期」這個階段，每當我們完成工作，達到任務後，可以從周遭重要他人身上得到正向的回饋，適時鼓勵我們：「你做得很好」，會讓我們對自己的能力產生信心，遇到挑戰或陌生事物，亦會產生「想要試試看」的行爲習慣。

性器期（The genital stage，青春期之後）

十二、十三歲的青春期，男生和女生的性器官漸趨成熟，心理與生理也各自顯現出各自的性別特徵，兩性的各項差異日趨顯著，這時就邁入了「性器期」。性需求轉向同年齡的異性，開始有了兩性生活與婚姻家庭的觀念，「性心理」發展漸趨成熟。

青春期階段，會格外在乎自己在別人心目中的外表和形象，尤其重視異性對自己的評論。像我碰過很多人都在青春期階段曾經被同學嘲笑，在心靈烙下的陰影特別深、特別痛。

這個時期的「性傾向」也會越來越清楚，「性傾向」的內涵包括：性的吸引、性行爲、性幻想、情感上的偏好、社交上的偏好、生活型態，以及自我認同。很多人會在這個時期發現自己喜歡的對象是同性別，男生常以「性的線索」來覺察自己的同志身分，而女生則以「情感吸引」來覺察自己的身分。

性心理發展影響「固著」與「退化」習慣的形成

性心理發展還會影響我們「固著」與「退化」習慣的形成。如果在上面其中一個階段，遭受重大創傷事件，這個創傷經驗就可能會「固著」在潛意識裡，阻礙我們朝下一個成熟階段發展。此外，當我們面臨強大的壓力時，也可能會「退化」到早期的發展階段。最常見的退化現象是，原本已經可以大小便自主控制很好的小孩，在弟弟或妹妹出生之後，會「退化」到尿床或弄髒褲子的肛門期階段。也有小孩早就會自己吃飯，在弟弟或妹妹出生之後，又「退化」到吸奶嘴、喝奶奶的口腔期階段。我還曾看到有孩子在承受高壓力的狀況下，行爲舉止「退化」回到母親的子宮裡，整個人極力想要縮小，不想要長大。

諮商的過程中，常常會有很深的感觸，因爲孩子在小時候並不知道父母的教養態度會對自己造成什麼影響，等到長大後，親密關係發展不順利後，孩子又會再陷入矛盾痛苦中，不知道要如何改變發展歷程中養成的性格習慣，這個時候，就需要透過心理諮商，重新認識了解自己，才能降低不良人格習慣的負向影響，養成良好的人格習慣。

◀從男人欣賞女性的部位看其個性

男人喜歡看女人，雖是先天的生物性使然，不過，由於每個男人的成長背景不同，再加上社會化的過程也不一樣，因此，對女人投以關愛眼神的部位亦不甚相同。不少心理學家表示，男人欣賞女人的部位往往是一種心理投射現象，有時連男人都弄不清楚自己爲什麼會特別喜歡女人的某個部位？在此依據男人欣賞女人的部位，剖析男人的個性及心理。

眷戀女性胸部的男人

在嬰兒時期，媽媽的胸部是餵養男性，提供營養及吸允快感的地方，偏愛女性胸部的男人，大多跟女性的依附關係、情感連結比較深。

心理上仍停留在口腔期的男性，對女性的胸部更是眷戀，在親密互動時都會從撫摸女性胸部、吸允女性胸部開始。基於越少看到越好奇、越容易激發想像力的心理，倘若男性成長在觀念保守的家庭中，也有可能對女性的胸部特別眷戀。

性別差異越大的部位對男性也越有吸引力，所以，男性不只特別愛討論女性胸部的話題，也愛盯著女性胸部看。另外就是基因遺傳的關係，胸部大的女性有利於繁衍後代，男性在擇偶的時候自然會被胸部大而建康的女性吸引。

依戀女性嘴唇的男人

從性心理發展歷程的角度來看，嘴唇跟口腔期有關，源於對吸允的親密依賴心理，連帶的也會特別欣賞女人的嘴唇，表達愛意時，可能會較爲沉溺於親吻吸吮的快感。只是以往欣賞「櫻桃小口」，現在崇尚「性感豐唇」，由此可見，男性的審美觀是會隨著成長環境變遷而跟著改變。

鍾愛女性眼睛的男人

眼睛既是靈魂之窗，也是強勢的感官，鍾愛女人眼睛的男人大多自命不凡，越有挑戰性的戀情越有興趣談，特別愛追不容易被征服的女人。像歷史上知名的帝王戀，楊貴妃「回眸一笑百媚生，六宮粉黛無顏色」，非但讓唐玄宗的目光捨不得離開，連江山事業都無心打理。所以，擁有一雙聰明慧黠、水汪汪大眼的女孩，最容易吸引自視甚高男人的目光。但也有男性欣賞女性迷人鳳眼：「鳳眼半彎藏琥珀，朱唇一顆點櫻桃」，情人眼中暗藏訴不盡的愛意。而無論哪種眼型，女性「楚楚可憐」的眼神都會激發男性的保護心理，想要給她最好的照顧。

喜歡長髮飄飄女性的男人

偏愛長髮女性的男人多半對異性充滿熱情，個性也比較外向，所以會對看起來溫柔嫵媚的長髮女孩特別有好感。而喜歡短髮女性的男人，有不少是屬於內向型，基於互補的心理，特別容易為外表俏麗、個性幹練的女性所吸引。

鍾情女性腰部的男人

統計各國浪漫的文學作品，發現描寫女性的身材魅力的形容詞很多都是以女性的腰部做文章，像是詩詞中便不乏讚美女性纖腰的佳句：「纖腰之楚楚兮，迴風舞雪；珠翠之輝輝兮，滿額鵝黃」、「朱粉不深勻，閒花淡淡香。細看諸處好，人人道，柳腰身。」連知名埃及法老王拉美西斯二世（Ramesses II）對鍾愛王妃的描寫亦是：「她有豐滿的臀部，卻有纖細的腰部。」

有個自認英俊瀟灑、多才多藝的男性朋友，他覺得自己是上帝的完美傑作，每次都結交事業有成的女朋友。有次聊天我好奇地問他：「你最欣賞女人的哪個部位？」當他回答：

「纖纖細腰」時，我立刻點頭如搗蒜地說：「你的眼光真好啊！」

男性對纖纖細腰的著迷，也有基因遺傳的因素，纖細的腰部不僅看起來美麗，更象徵健康，有利於孕育生命。當男性要對女性表達愛意時，多半先牽手，當關係更進一步就會摟腰，在心理上的意涵，一方面宣示感情，另一方面也是佔有慾的展現，用肢體語言告訴大家：「她是我的」。也因此，不妨觀察一下，這個男生的佔有慾會不會比較強？會不會特別愛吃醋？

摟腰的另一個含意是，想要跟女性發展性關係的暗示，看看女性是否可以接受發生性關係的試探方式，如果女性準備好了，就可以給他積極的回應，若是還沒有準備好，也可以請對方放慢步調，同時觀察男性會不會尊重自己的身體自主權。

沉迷女性臀部的男人

在視覺上，臀部最具有誘惑的力量，尤其是款擺生姿，走起路來扭腰擺臀，最容易引發男人觸摸的欲望。碰到偏好女性臀部的男人，不妨留意他們的自我控制力好不好？很多習慣性騷擾的人都特別愛襲臀，不尊重女性的身體自主權。

不少欣賞女性臀部的男人在談戀愛時，喜歡自然真實的感覺，有些男性甚至連做愛的時候亦喜歡原始的後交姿勢。碰到喜歡女性臀部的男人，即使費盡心思穿性感的內衣，他都可能視而不見，只看得到情人自然的身體。所以，發現男人的視線焦點都集中在臀部時，就不必花太多力氣自我包裝，他喜歡原始的女性身體。

欣賞女性眉毛的男人

詩詞中形容女性眉毛的佳句還眞不少，譬如「眉將柳而爭綠，面共桃而競紅」、「淡眉如秋水，玉肌伴輕風」、「丹唇列素齒，翠彩發蛾眉」、「俊眉修眼，顧盼神飛」。

眉毛雖然佔五官的比例不大，佔全身的比例更小，但眉毛卻會影響表情，如皺眉或挑眉，給別人的感覺都不同。如果眞有男性鍾情於女人的眉毛，那他可能具有某些獨特性，或是會特別重視女性的表情，不妨多花一點時間了解他的內心世界。

敬重高鼻女性的男人

鼻子高挺的女性容易讓男性聯想到教官、女神等神聖不可侵犯的人物，因此，男人在潛意識對鼻子高挺的女性往往存有一些畏懼心理，不太敢隨便亂開玩笑。

欣賞女性下巴的男人

要欣賞女性下巴，一是要抬高女性下巴，一是女性的位子高高在上的時候，對女人下巴有好感的男人，可能是對宗教懷有虔誠之心，他們往往不知不覺中，便將女人美化爲觀音、菩薩、或聖母瑪麗亞般的聖潔。

喜歡女性耳朵的男人

耳朵是聆聽的地方，會欣賞女人耳朵的男人，多半童年時期比較沒有安全感，因此會迷戀在女人耳邊講悄悄話的感覺，希望能藉此博得對方的關心疼愛。由於女人的耳朵經常藏身於頭髮之下，因此，男人很少會特別注意這個部位，有些男人根本忘了它的存在。正因爲耳朵是一個比較不容易被發現的部位，所以也是一個解放隱私的地方。

偏愛女性肩膀的男人

肩膀是讓人想要依靠的地方，偏愛女性肩膀的男人，可能內心世界對性存有幻想與理想，或是在現實世界較易產生矛盾與衝突，需要有個安全的肩膀可以依靠。還有男性的友誼模式傾向「肩並肩」，夥伴們一起打球、一起打拼，所以摟肩也是一種友誼的表示，偏愛女性肩膀的男性，可能是喜歡跟女性保持像哥兒們般的情誼。

愛慕女性手臂的男人

一般而言，女性身上會引動男人愛慕之情的部位，多半是曲線玲瓏；或是看起來纖細嬌弱，需要被照顧、呵護的地方，例如，穿著高跟鞋的小腿，以及粉嫩柔滑的胸部等等。

基於憐香惜玉的心理，男人較少會對看起來強壯且活動力旺盛的手臂產生照顧的欲望，會對萬能雙手有感覺的男人，通常都屬於戀家型，內在渴望被人保護。

特愛女性小腿的男人

腿部是女性最常外露的部位，也是女性行動、展現魅力的部位，欣賞女人小腿的男人，多半比較注重精神層面，對性也較講究品味，無論地點或氣氛都要盡善盡美，才能引爆他們的欲望，個性上較爲內斂，也比較不會衝動行事。

渴望女人腳踝的男人

過去華人男性偏愛「三寸金蓮」的審美心理，反應出男性喜歡女性的陰柔之美，偏愛擁有嬌小、柔弱，順服特質的女性，嘴巴要像櫻桃小口，臉蛋最好是瓜子臉，腰部則要如楊柳般纖細，走起路來彷彿弱柳扶風般搖曳。

由於男人的生理情況會隨著年齡的增長而改變，連帶的也會影響到心理發展，所以年輕男人因性能力比較旺盛，注重現實感覺，欣賞女人的部位亦多集中於上半身。相反地，喜歡女人腳踝的男人，有可能年紀較長，也有可能在性方面偏愛可以讓他們完全操控、玩弄於手掌間的腳踝，這種心態和過去男人喜歡把玩女性三寸金蓮的心理頗為相似。

還有些男人則是對女人的雙腳毫無招架之力，他們喜歡撫摸乾淨潔白的雙腳，甚至有個男性朋友為了讓情人擁有完美的腳指頭，而去學習腳部按摩，以及專業修剪指甲的技術，人生最大的樂趣就是反覆揉搓、嗅聞情人的雙腳。

除了流行的因素外，男人喜歡女性的身體部位也會隨著年齡增長以及健康狀況而略有不同；所以，當男人關愛的部位改變時，這表示他的人生可能已經進入另一個階段。

和異性交往的時候，不妨深入了解一下，情人特別迷戀自己身體的哪一個部位？例如，頭髮、雙腿、雙乳或是臀部？從情人欣賞的部位，多少可以看出其性偏好、性態度，既有助於增進親密關係，更能提早察覺對方是否有特殊的病態性偏好。

◀ 從床鋪習慣看性愛滿意度

當愛情結晶誕生之後，夫妻生活往往會有許多轉變，譬如說，孩子常常哭鬧不休，讓人心神不寧，情緒難免會受到干擾；或是照顧孩子花太多精神，已經無心無力經營親密關係；

還有夫妻單獨相處的時間大幅減少，很少有機會可以好好談心；此外也有夫妻性趣越來越低，爲了給寶寶最周全的照顧，便興起分房睡的想法，希望能夠將干擾降到最低。

性愛熱情減低的原因

究竟「夫妻分房睡好不好」？在此我想先從「性愛熱情減低的原因」談起。心理學家曾經針對「夫妻性行爲頻率的遞減」做過調查研究，結果發現，婚姻中的「性生活」會歷經三個不同的階段：

第一個是早期的滿意階段，夫妻在新婚時期「性生活」的頻率最高，滿意度也較高。

第二個是中期的壓力階段，隨著經濟壓力，照顧孩子太過疲累等因素，以致性行爲的頻率降低，滿意度也隨之下降。

第三個是晚期的平靜階段，夫妻性行爲的頻率減少，不再視「性」爲生活中重要的事情。

由此可知，在正常狀況下，孩子的出生，或多或少會對夫妻「性生活」造成影響，如果分房睡，可能會讓夫妻性愛的頻率更低，交流的機會更少，難怪有人會形容孩子是夫妻關係的「第三者」，眞的蠻有道理。

有趣的是，夫妻雙方對「婚姻滿意度」常有不同的感受和看法，丈夫多半認爲，婚姻幸福的先決條件是「性生活滿足」；相反的，妻子則覺得，「性滿足」的關鍵取決於「婚姻品質」的滿意度。

有句俗話說「夫妻床頭吵，床尾和」，如果從「心理學」的角度來看，這句話是根據男性的「行爲模式」而來，因爲研究顯示，丈夫常會透過性關係來化解衝突，但妻子卻不太領情。所以，夫妻一旦分房睡，習慣藉助性愛求和的先生，無形中便少了一個「求和」管道。

「分房睡」的利弊得失

要探討「夫妻分房睡」的利弊得失，就要先釐清「婚姻中的性迷思」，才能清楚看到「分房睡」對「性關係」的影響。心理學家發現，婚姻中的「性迷思」有下面幾個：

迷思一，婚後性愛是自然而來的。事實是，即使婚後仍舊要花心思經營。

迷思二，性愛頻率多寡，顯示彼此是否協調與幸福。事實是，性愛頻率會受到情緒和身體疲勞影響。

迷思三，性愛與婚姻關係，毫無關聯。事實是，「性愛滿意度」跟「婚姻滿意度」息息相關，特別是男性更爲明顯。

迷思四，幸福婚姻不會有性困擾。事實是，工作壓力與子女教養，都會引發性困擾。

迷思五，製造浪漫的氣氛，還有滿足對方的性需求，就能確保滿意的性關係。事實是，若抱持這樣的觀點，就太小看婚姻中的性功能，除了傳宗接代、增加愉悅樂趣外，性愛在婚姻中尙有感情肯定、撫慰創傷、紓解壓力的功能。

了解「婚姻中的性迷思」後，即可體會，太過忽略性愛，而將全部心力放在照顧孩子上，長期來說，對夫妻感情發展並不好，因爲當夫妻中一方產生保護心理時，愛的感覺與熱度，就可能會遞減。再者，若把性愛變成例行公事，缺乏激情與變化，甚至只求趕快完事，對關係的殺傷力更大，很容易製造彼此的衝突與不悅的情緒。像身邊不少當媽媽的朋友都透露，爲了帶孩子幾乎累到性致全失，面對老公的求歡，也常常心不在焉，一邊做愛一邊擔心孩子的狀況，別說享受性愛歡愉，根本連專心做愛都很困難。

避免性愛拔河

不管夫妻有沒有分房睡，要是雙方對性愛都採取相同的「重視程度」，就比較不會產生權力角逐，否則，若兩人「性需求」不同，彼此都想掌握性愛的主控權，就會形成「性權力」的拔河賽，當然對關係會造成負面影響。

此外，也別忘了孩子是「愛情結晶」，夫妻都要付出相同的心力，而不是把照顧責任集中在一個人的身上，以免心理負擔過重；或是完全忽視另一半的存在，眼中只看到孩子的需要，不在意另一半的需求，太過極端的作法，都會對夫妻關係產生傷害。

TEST 你有性愛成癮症嗎？

《華爾街之狼》這部電影中，呈現出各種「成癮症」，從酒精成癮、藥物成癮、到性愛成癮。令人好奇的是，現代人何以如此容易成癮？

根據美國心理學家卡恩斯（Kearns）的研究，就如同酒鬼無法停止喝酒，有性愛成癮的人也無法停止這種自毀式的性行為。有性愛成癮困擾的人中，不少人因而家庭破裂，金錢破產，失去事業，甚至失去生命。

最有名的案例，就是曾經轟動國際的美國前總統柯林頓的誹聞案，明知會身敗名裂，引來莫大的災難與羞辱，仍然無法克制自己的行為，偏要往險中行，而且壓力越大欲望越強。

不健康的性行為往往是一種演進的過程，性成癮的起源，多半來自於對某個強迫行為的無力感或無助感，進而造成個人生活的脫序或失控。舉例來說，很多紅極一時的知名演員和運動明星都曾經深深為性愛成癮症所苦。

性愛成癮者會感受到強烈的羞恥心、罪惡感，自尊低落、自我憎恨。上癮者曾經嘗試要停止成癮行為卻做不到，上癮的狀況也會變得越來越嚴重，不僅破壞親密關係，連帶工作和財務也會出問題。

※測驗開始：

幾乎所有的「上癮症」都有相同或類似的症狀，不妨提起筆來測測看：

(1)隨時隨地想著令其上癮的事情，例如會一直想去夜店尋找一夜情。

是□　否□

(2)曾經試圖戒掉這個習性，可惜宣告失敗。

是□　否□

(3)會跟家人朋友隱瞞自己成癮的事情。

是□　否□

(4)對成癮的事情具有「強迫性」，非做不可，否則就會渾身不舒服。

是□　否□

(5)「需求性」越來越高，「耐受性」也變得越來越強，例如嗑藥者藥量會越用越強，酗酒者酒會越喝越多。

是□　否□

(6)會對人際關係造成嚴重的干擾，很難跟固定對象發展長期的親密關係。

是□　否□

(7) 在戒除的過程中會覺得痛苦難耐。

是□　否□

做完上面的測驗後統計一下總共有幾個「是」，回答「是」越多代表性愛成癮的狀況越明顯，需要尋求心理專業的治療。

我看過不少性愛成癮者會被周遭人誤以為是「太花心」或「不專情」，經過諮商評量之後才發現是性愛成癮。「性成癮」與「太花心」最大的差別是，能不能夠自我控制？如果發現自己有「性成癮」，最好盡快找心理專業協助，這是因為成癮後要終止行為會有戒斷狀況，情緒變得特別焦躁不安，需要透過心理專業人員協助，一方面可以探索成癮的根源，另一方面也能有效降低身心的不安。

第六章

從不良習慣洞察人心

insight into people's psychology from habits

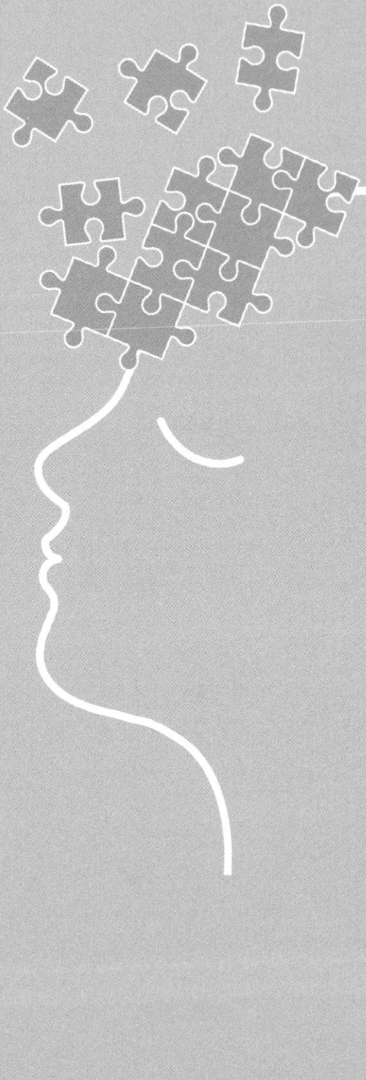

我們每個人都需要跟陌生人互動，但是我們對陌生人過去的成長歷史並不清楚，如果可以事先知道對方有強烈的破壞行爲傾向，就可以採取必要的防護措施。

暗藏破壞訊號的暴力行為

一般有嚴重暴行的人，內心都暗藏大量的不平衡、羞恥感，以及自我藐視。他們常常會瞬間改變對別人的態度和行爲，前一刻還愉快的談話，下一刻卻猛烈的攻擊、咒罵對方，咒罵的內容與剛剛的談話毫無關聯。

之所以會有這麼大的反差，可能是因爲談話中，聊天者不自覺說了某個想法或感受，觸碰到他內心隱藏的羞恥感，立刻引發他強烈的反彈，之後就很難平復他的情緒。

如果跟對方聊天的時候，察覺他很容易瞬間暴怒，會把別人善意的舉動扭曲成貶抑威脅的惡意，最好避免跟對方陷入辯論，才不會陷入危險情境。

● **敵意、憤怒的情緒：**青春期階段，如果負面情緒習慣佔上風，譬如感受大量的敵意、憤怒的情緒，不只會導致反社會性跟破壞性，也是造成毒品濫用跟犯罪行爲的重要心理因素。例如造成多人死亡的縱火案件中，根據媒體形容縱火者的行爲偏激，國中時期因爲心情不好就打破教室所有窗戶，曾有多項毀損、竊盜、妨礙公務的前科。之後偏激的行爲越來越嚴重，父親無力管教後斬斷父子關係，成年後斷絕他的經濟援助，身上沒錢又無處可去，聯想到少年時期待過的地方，但因其經常和別人發生衝突，遭到場所人員委婉拒絕，最後他竟以縱火的毀滅力量宣洩內心的憤怒。悲劇令人難過，但遺憾之餘，是不是可以及時洞察縱火者的危險情緒，有效阻止憾事發生。

有破壞性的行爲習慣的人多半會有下面這些危險情緒：

＊容易懷疑別人。

＊有易怒、衝動的情緒表達習慣。

＊對權威者有憤恨的矛盾情緒習慣。

＊人際互動偏向反抗型。

＊敢於自我主張的人際關係。

●**憎恨的情緒習慣既長期又難以消除**：憎恨的情緒習慣比起憤怒情緒更加危險，因爲憤怒是短期的而憎恨是長期的，憎恨情緒一旦產生，會持續很長一段時間，也很難消除。例如，家中長輩反覆做出讓孩子厭惡的事情，孩子會對長輩產生無法克制的憎恨情緒，當憎恨情緒壓抑不住的時候，便會以爆發性的攻擊行爲表現出來。

身為諮商心理師，每每覺察孩子對父母長輩的憎恨情緒時，都希望可以即時疏導，越早疏通越好，可是事實往往不盡如人意，父母長輩常會輕忽孩子的憎恨情緒，或是合理化孩子的攻擊行為，或是以暴制暴用更高壓的管教方式糾正孩子的憎恨情緒，結果導致惡性循環。

● **攻擊、侵略的情緒習慣：**從兒童時期就開始出現攻擊、侵略的行為，主要有兩種表達方式：

一種是肢體攻擊包括：打人、推人、向別人丟擲傷害性物品、與人摔角、拳打腳踢等等。

一種是語言攻擊包括：經常與人爭論、髒話罵人、批評別人、讓別人難堪、矮化貶抑別人。

男生的攻擊、侵略行為明顯高於女生，而女生的攻擊反應則是隱性的，屬於「關係攻擊行為」，透過操弄人際關係，讓自己不喜歡的人得到負面後果。

很多研究都發現，兒童攻擊反應跟家庭的生活經驗息息相關，如果父母使用嚴厲殘忍、高壓處罰的方式教養小孩，孩子也會學習用類似殘忍、高壓的方式對待同伴。另外，憤怒的情緒表達習慣，跟攻擊性高的同伴為伍，自然學到攻擊行為，才能保護自己。

● **合理化自己的報復心理：**有偏差行為的人大都有溝通不良的議題，當他們感覺被人拒絕，或是不受歡迎，就會產生報復行為，想讓對方受到傷害。

從很多殺害親人案件中，我歸納出一個常見的暴力行爲公式：施暴者平日跟親人同住，雙方經常發生爭吵，當親人受不了後將他趕出家門，施暴者內心產生忿忿不平的情緒，在一次口角衝突時，拿出暗藏武器刺傷對方。

施暴者多半會嚴重合理化自己的報復心理，他們會認爲這是被害人造成的，對方應得的報應。

● **對自己兇惡的行為感到驕傲**：施暴者無法忍受自己受傷，會隱藏自己的脆弱。當別人形容他是兇惡、可怕的，他反而會感到驕傲，覺得自己是有力量的，別人是膽小的。

施暴者很容易再次使用暴力，尤其是過去曾經傷害過別人的施暴者，更容易故態復萌。

逃學、反社會、低成就是「不良習慣」的鐵三角

逃學、反社會、低成就，這三個元素可說是「不良習慣」的鐵三角。

欠缺好習慣的原因：一是心理矛盾，二是缺乏學習機會。何以會產生矛盾心理？有可能是因爲害怕而不敢做出新的反應，雖然守舊的做法會帶來不便卻會給我們安全感。

國高中時期的學業成績，深受跟父母溝通品質好壞的影響，父母習慣性的給孩子支持與鼓勵，關心參與孩子的學校活動，常常跟孩子有情感的流動，跟孩子一起分享彼此的觀念，經常一起從事休閒娛樂的活動，不管什麼狀況，都可以信任、肯定、了解孩子，不會給孩子

太多限制。

父母這些正向的態度，可以在孩子心裡形成安全的擋風牆，有助於孩子打造一面壓力緩衝盾，不只能夠降低來自學校和課業的壓力，更能減輕因爲壓力所引發的焦慮和不安。

無論是研究結果或我的諮商經驗都顯示，如果父母可以給孩子正向肯定的指導，清楚告訴孩子「什麼可以做」、「什麼不可以做」，原則清楚一致，孩子比較容易養成負責任的習慣。

反之，如果父母的態度前後不一致，孩子就很容易養成「攻擊力強但不順服別人」的人際習慣。

● **輟學容易養成不良習慣：**倘若家中的人際互動習慣是充滿矛盾、衝突的，孩子很容易養成不良的讀書習慣，學業成績低落，連帶的就很容易因爲對課業缺乏興趣而輟學。

當然也有人是因爲家庭經濟狀況不佳，不得不打工賺錢，或是爲了證明自己有賺錢的能力，可以獨立自力更生。也有人是想要滿足物質欲望，買名牌衣物、酷炫機車，和同學爭面子，引發別人羨慕的眼光。所以，好朋友中若有人輟學去賺大錢，就可能引發其他人輟學的念頭。

在學校人際關係不良，學校生活不快樂，缺乏完成學業的動機，不斷的曠課、缺席，和同學差距越拉越大，都很容易做出輟學的決定。

會做出輟學決定的性格，普遍來說，比較不成熟，缺乏適應力，遇到一般狀況的挫折就可能會讓他們產生過分的恐懼、焦慮跟自卑感。面對壓力時，他們多半會選擇敵意憤怒、公然對抗、消極對立、疏遠逃離的行爲，讓自己不再感到痛苦。

● **逃學後可能從事犯罪違法的行為：**逃學習慣通常會跟違反校規有關，離開學校後爲了生存，可能從事犯罪違法的行爲。有了「逃學習慣」接下來往往會養成「逃家習慣」，不再跟父母住在一起。事實上，「離家出走」也是一種操弄、控制父母的手段，使用這樣極端的方式逼迫父母讓步，答應他們提出來的要求和期望。

親子關係對反社會人格的影響

當孩子對父母的依附需求最弱的時候，就是他們最會反抗父母的時候；當孩子跟父母心理距離最遠的時候，就是他們最不接受父母控制的時候。

成長的過程中，父母若是常常用語言威脅孩子，管教非常嚴厲卻又缺乏時間督導，很少花時間陪伴孩子，也沒有花心思觀察孩子的行爲舉止，親子之間的依附情感薄弱，無形中養成孩子反社會人格傾向。

如果父母的養育方式一致，都是以「子女爲中心」，不採用嫌惡性的管教技巧，孩子反而容易養成良好的自我控制能力，較不會形成反社會人格習慣。

●**抱持享樂主義的犯罪習慣：**很多犯罪行爲背後的目的，是源於找樂子，追求一時的興奮感，最常見的狀況是，一群朋友趁著夜深人靜，對公共場所作出破壞性的行爲，像是破壞公物、破壞裝置藝術品、搗毀路邊的車子；甚至會做出傷害生命安全的舉動，如搶劫超商，或是飆車，對他們而言，只要好玩享樂沒有什麼不可以。

●**低自尊習慣與犯罪、反社會的關聯：**青少年外顯的侵害破壞行爲，其實是內隱「低自尊習慣」的補償反應，當內心強烈的「自我貶抑」與「犯罪行爲」產生穩定的連結之後，就會啟動一連串的「犯罪行爲」，以減輕內在強烈的自我貶抑感覺。

要養成青春期孩子正向良好的自尊習慣，父母可以朝下面幾個方向進行：

＊**充分的情緒支持：**多給青春期孩子充分的情緒支持，用民主推理的方式引導孩子，比較容易養成孩子良好的自尊習慣。相反的，倘若父母沒有給孩子情緒支持，反而使用負面的控制手段，對待孩子的態度也傾向拒絕指責，孩子就比較容易形成負向自尊習慣。

＊**生活方面表達關心與興趣：**父母對孩子生活各方面表達關心與興趣，孩子較容易養成好的自尊習慣。如果父母只在乎孩子的學業表現，以高標準要求孩子，當孩子達不到標準時，就會有「我不如別人」的低自尊習慣。

＊**兼顧「原則與情感」的溝通方式**：父母跟孩子有兼顧「原則與情感」的溝通方式，父母的規則與訓練不會隨著父母的情緒波動而變來變去，始終維持一致的教養規範，但有時也可以依據實際狀況彈性容許不同的做法，有助於建立孩子良好的自尊習慣。

＊**家庭氣氛和諧幸福**：家庭氣氛和諧幸福，家中的成員可以和樂相處，彼此滿足需求，自然可以建立高自尊習慣。

＊**自尊習慣從弱轉強、由強轉弱的關鍵因素**：許多父母都很關心，自尊習慣成形之後，還有可能由弱轉強嗎？從心理諮商的角度，當然是有可能性的。

事實上，自尊習慣也有可能由高轉弱，根據研究和我自己的諮商經驗都發現，從小學升到國中一年級，可說是我們人生旅途中自尊習慣最低落的時期，假如不知道會發生這樣的心理轉折，就可能會忽略孩子的心理狀況，甚至做出負向的歸因，認為孩子上國中後變得不聽話、愛頂嘴，採取不良的管教措施。

進入國中之後，面對陌生的環境，同學都散落到其他學校，這個時候，如果可以快速交到好朋友，擁有關心自己的師長，感覺自己是受到支持的，就能改善短暫的低自尊習慣。

此外，參加有建設性的團體活動，例如自我肯定團體、人際溝通團體，都能增加溝通膽量，提升良好的自尊習慣。

◀分析：反社會人格的行為特徵

1. **毫無社會意識而且缺乏道德感**：不容易接受社會習慣和規範的限制，往往以自我爲中心，而任性而爲。

2. **極度自戀**：渾身散發著過度的自信，程度遠遠超出了自我的容貌和社會地位。

3. **欺騙性**：對人不可靠、不誠實、不誠懇，也不會對自己的不當行爲感到懊悔或羞恥。

4. **容易衝動、易怒**：無法事先計畫，具有攻擊性，行事往往不顧自己或他人的安危。

5. **擅長利用「朋友」**：很會花言巧語，也很會做表面工夫，所以常把周遭親朋好友們騙的團團轉。

6. **對刺激的需求比一般人大很多**：以致常會在「社交、身體、財務或法律」方面冒險。

7. **永遠都不認為需要對自己「惹出來的麻煩」負責**：對別人感情淡薄，正確的說應該是「缺乏感情」。

牌桌上摸索人的劣根性

常聽人說：「這個人不管做什麼事都抱著賭徒心態。」究竟什麼是「賭徒心態」呢？說具體一點，就是做事老愛碰運氣，不肯腳踏實地。一般沉迷賭桌的人，多半都信奉投機主義，對他們來說，「運氣」比「實力」重要，想要賺大錢，就要靠財神爺的大力幫忙不可。

具有賭徒心態的人上了牌桌，就彷彿是鬼迷心竅般，在一輸一贏之間，毫不掩飾地將人性中最貪婪、最小氣、最暴躁、最要賴的一面全都表現出來。因此，牌桌雖小，卻能看盡人性的弱點，可說是觀察一個人劣根性的最佳場所。

舉牌不定的人

幾乎會打牌的朋友都曾經跟我抱怨過，打牌的時候最怕碰到舉牌不定的人，他們每打一張牌皆要左思右想，直到牌友們連聲催促了才肯出牌。爲什麼他們要如此小心，原因很簡單，就是害怕輸錢。

一位在牌桌上會舉牌不定的朋友，有一次他非常熱忱要請我們一票朋友吃飯，沒想到請客終了，大家才知道他還請了一個金主來付帳，讓所有被他請客的人都覺得很丟臉，好像自己是愛佔便宜的人。

輸贏寫在臉上的人

每次坐在牌桌旁邊觀戰，常常會看到輸贏寫在臉上的人，他們只要一贏錢，立刻喜形於色，或是高聲唱歌、或是開懷大笑，看得其他三家心裡都不舒服。

相反的，萬一他們運氣不佳輸了錢，則會遷怒全場，看什麼都不順眼，一下嫌小孩太吵鬧，一下嫌音樂太大聲，一下嫌天氣太冷太熱，總之，不把每個人都罵得心煩氣躁，不會閉嘴安靜。

輸贏寫在臉上的人，通常都只顧到自己的情緒，完全不管別人的感受，屬於以自我為中心的人，和他們做朋友，就要先做好心理準備，他的字典裏是「沒有別人存在」的，當他要你「完全配合他」、「不能有自己的意見」時，也不必太意外，因為他根本不曉得別人的感受是什麼。

贏錢必收、輸錢賴帳的人

雖然「輸贏寫在臉上的人」讓人覺得不舒服，但還有一種人比他們更自私自利，那就是

「贏錢必收、輸錢賴帳」的人。

別以爲這種行徑是地痞流氓的專利，事實上，這跟學歷高低、有沒有錢無關，而是跟人格特質有關。輸錢會賴帳的人，談戀愛的時候也可能會不認帳，曾經聽過一個有「輸錢賴帳」紀錄的朋友自豪的表示，他談戀愛時奉行三不政策：不拒絕、不負責、不付錢。對他來說，愛上他的人都是「前世欠他的」，所以這輩子要做牛做馬來報答他。最不可思議的是，還眞有不少癡情女子相信「自己前世欠他的」，心甘情願爲他付出一切。

喜歡做大牌的人

喜歡做大牌的人在個性上多少都有點「好大喜功」，在他們眼裡胡小牌，是很沒有成就感的事，他們喜歡做大牌，這樣贏起來才像樣、才好看。

打牌時會堅持「要贏就贏大的」，不屑胡小牌贏小錢；同樣的，做事的時候他們也會主張「要做就做大的」，受不了賺點蠅頭小利。由於他們無論做什麼事都要最大的，結果往往最後「什麼也沒有做」，因爲凡事都是由小至大，沒賺過小錢怎麼賺得到大錢，沒送過小禮怎麼送大禮。

至於喜歡胡小牌的人，個性上則和喜歡做大牌的人完全相反。他們多半比較實事求是，人生哲學是有贏就好，贏多贏少沒關係，最重要的是要安全和穩定。

不動聲色的人

在牌桌上，不動聲色的人往往是最令人害怕的，因爲很難從他的臉上看出心情起伏，自然也無法從他的臉上看出他的底牌。

通常，不動聲色的人發現「自己今天手氣很背」的時候，他不會一心想著要翻本，反倒會找個藉口趕緊脫離現場，以免越輸越多。譬如：他們會趁著上廁所的空檔順便打個電話回家，然後再苦著一張臉跟牌友求饒：「我老婆已經跟我下最後通牒，必須馬上回家，要不然今天就得在外面吹西北風了。」爲了避免背上「破壞人家夫妻感情的罪名」，其他牌友即使再不願意，亦只有忍痛放人了。

此外，當不動聲色的人發現「自己今天贏得差不多了」，他更會想辦法讓自己的手機在最適當的時候響起，等他小聲地回過電話之後，再用充滿歉意的口吻宣布：「實在很對不起，家裡臨時有事，必須先走一步，下次再戰。」

想要翻本的人

衆所皆知，打牌本來就是有輸有贏的金錢遊戲，偏偏有些人就是只能贏錢不能輸錢，一輸錢他們就急著翻本，而且越急就越輸，形成可怕的惡性循環。一輸錢就想要翻本的人，基本上，都有點意氣用事，他們不僅在牌桌上輸不起，在做其他事情的時候，也常常會不認輸。明明是不該做的事情，一旦他們賭上了，就非得要拗到底不可，結果越陷越深，非但輸光所有的籌碼，最後還欠下一屁股債，甚至賭債高築連累家人。

賭性堅強的人

要想測量一個人的賭性有多麼堅強，非常簡單，只要請個人去吆喝一聲：「要不要摻一腳」，賭性堅強的人立刻就會賭癮發作，這個時候就算你不想玩了，他也不會善罷干休，非得摸兩把不可。

賭性堅強的人對賭博幾乎沒有免疫力，任何事情他們都能和賭博連結，無論是打電動、打撞球或打棒球，只要是能夠分出輸贏的活動，他們都可以拿來賭博。

有個賭性堅強的朋友，無論到哪家公司都待不久，有一陣子，他失業在家，爲了殺時間，便天天聯絡朋友到家裡打牌。家人看他天天打牌度日也不是辦法，就催他快點出去找工作，不料他卻義正辭嚴地說：「誰說我沒有工作？我天天在家打牌，一個月少說也可以賺二、三萬塊，比出去工作愉快多了。」

很多人以爲愛情的力量，可以扭轉一個人的賭性；如果抱持這種想法，可能會失望的發現，愛神是無法戰勝賭神的。

賭性堅強的人通常都很迷信，爲了贏錢他們會四處打聽各種贏錢祕法。舉例來說，有些人在開賭前，會先把賭碗和骰子養起來；或是買個法器助自己一臂之力；或是養條紅龍討個吉利；或是爲了避免輸錢，一輩子都不願意看書，以免輸錢。

甚至還聽說有些人爲了讓別人輸錢自己贏錢，而在對方的桌子和椅子底下灑滿捉鬼天師鍾馗的相片。賭博一旦成癮，很容易扭曲人性，做出失去理智的行爲。

要如何戒賭？

有個朋友懷孕期間，請丈夫出去買宵夜，結果老公一出門就毫無音訊，連手機都關掉，等到天亮，仍不見丈夫蹤影，無可奈何之下，她只好挺著肚子，跳上計程車，到老公常去賭博的地方尋找，越找越難過，摸著自己的肚子，想到自己與孩子的未來，內心就感到茫然不安，眼淚跟著流個不停。

回到家，老公已經帶著早餐回來，還一臉困惑問她：「一大早跑哪裡去？」讓她氣得說不出話來，明知生氣對肚裡的孩子不好，但她管不了那麼多，大聲對丈夫咆哮：「你宵夜買到哪裡去了？」這時丈夫才說：「我打贏了，贏了一萬多塊。」原本期待聽到太太的歡呼聲，不料太太憤怒的表示：「我不想再跟你這種人說話。」

大部分的賭徒都要等到朋友遠離，失去心愛的親人，債務堆積如山，債主暴力催討，無家可歸，生活全面失控的時候，才願意正視賭博的嚴重性。想要戒賭，首先要面對自己的心理議題，包括：情緒狀態、價値觀念、社交生活、親密關係、家庭背景、工作情形、賭博歷史，總之，越了解自己的狀況，越有可能改變賭博的行爲。

接下來，要面對過去成長歷程的生命議題，很多人沉迷賭博，跟從小成長的背景有關，所以要回過頭去，找出賭博潛藏的原因。

然後，面對未來和改變，學習新的生活方式，尋找新的工作事業，培養其他興趣，讓人生獲得不同的掌控感與成就感。

最後一步，相信自己有能力解決問題，遇到害怕、脆弱、壓力的情境中，如何協助自己因應並且渡過困境，才有可能從賭博的深淵裡解脫出來。

分析：賭徒的行為模式

如果自己或是周遭親友出現下面這些行爲模式，就要提高警覺，代表已經有賭博成癮的狀況了。

*會花很多時間回想打牌的過程，並且研究要怎麼贏，或是策畫牌局。
*賭博的時間比預定時間長。
*長時間獨自一個人去賭博。
*為了滿足刺激感，而想要越賭越大。
*會跟別人隱藏自己好賭的程度。
*會編一些藉口好去賭博。
*想要戒賭的時候，會感覺不安、暴躁、或易怒。
*輸的時候會急著要趕快回去翻本。
*曾經賭到身上一毛不剩。
*想透過賭博來賺錢、還債。
*會為了還賭債而開口跟別人借錢。
*曾經為了賭博而說謊，或偷錢，甚至違法亦在所不惜。
*不願意還錢，想盡辦法跟別人借錢。

有個女性朋友從滿懷憧憬跟情人結婚，到對伴侶絕望痛下決心離開婚姻，就是逐步看清另一半嗜賭成性的習慣是無法扭轉改變的。

婚前介紹兩個人認識的朋友曾經提醒過她，這個男生很喜歡去賭場，而且賭博行爲讓他們印象深刻，原本一群朋友相約去歐洲旅行，可是一到賭場後，這個男生就脫隊不再參加任何行程，從早到晚都泡在賭桌，大夥出門旅遊時看到這個男生一副沉思的模樣，大夥玩回來後發現這個男生還是坐在賭桌上，維持同一個沉思姿勢，一連幾天都一模一樣，讓所有同行朋友直呼不可思議。

而當女性朋友詢問這個男生：「是不是很愛賭博？」這個男生立刻否認，而且強調：「旅行途中跟同行友人不開心，才會選擇待在旅館，結婚之後有了家庭他絕對不會去賭場玩。」聽完後女性朋友便快快樂樂嫁作人婦。

結婚之後，女性朋友很快懷孕，接著赴美待產，先生則留在台北繼續工作，直到女性朋友即將臨盆生產，有一天接到公公的電話，告知先生已經來美國陪產一個星期，女性朋友才發現先生失蹤一個星期，全家人緊張得到處尋找，最後在知名賭場找到先生，而且輸了一大筆錢。從此女性朋友展開協助先生戒賭的惡夢中，每當她發現先生又去賭場，就試圖以各種方法阻止先生、感化先生，而先生也不斷道歉保證一定會改，甚至連悔過書都寫好了，仍然一再破戒。

事實上，女性朋友的先生幾乎上面所列的「賭徒行爲模式」通通都有，而女性朋友也歷經賭徒家人的痛苦與無奈，最後只好跟對方切割關係，自己的人生才能海闊天空。

賭徒性格的養成

大體而言，擁有賭徒性格的人都跟家庭和成長因素有關，譬如說，家中長輩不僅有賭博習慣，並且默許孩子賭博，從小耳濡目染，自然和賭分不開。此外，家庭觀念如果太過重視金錢價值，也會鼓勵孩子用最快速的手段累積財富，而賭博就是其中一條捷徑。

再者，父母中有一方外遇，導致關係緊張、氣氛凝重，生活在這樣的環境中，孩子難免會生氣失望、受到傷害、產生罪惡感，此時賭博就成了最佳的安慰劑，讓自己暫時脫離不愉快的情境。有時候，遭逢父母或重要親人的過世，由於頓失安全感，會讓孩子懷疑自我的價值感，或對自己失去信心。另一種更糟的狀況是，孩子在家中被大人虐待、強暴，長時間活在極度恐懼的黑暗深淵裡，既無法跟家人傾訴，也無法分享內心感受，這個時候，賭博可以提供短暫的釋放感。

當人們感覺渺小而無助的時候，坐上賭桌，能夠讓人覺得充滿力量，掌控局面，得到立即的控制感。這就是爲什麼不少面臨強大工作壓力的人會沉迷賭博，像演藝圈許多天王級的主持人都曾有過一夜散盡千金，事後懊悔不已的慘痛經驗。賭博常常會給人一種假象，自以爲可以主宰命運，贏過機器，獲得最大勝利。

對賭徒而言，「贏的感覺」很重要，情緒在一鬆一緊之間，得到最大的刺激感。所以，賭徒在贏錢時，會大方的給別人吃紅，買東西送給朋友，跟別人炫燿贏錢的事蹟，爲了證明自己與衆不同，他們會一擲千金，無論輸贏，都要給別人賭技高超或是賭品一流的印象。

賭博上癮三個階段

賭博上癮，通常會歷經三個階段：

第一個階段：贏錢。很多人都有「第一次賭博就贏錢」的經驗，贏錢非但會提高一個人的自我意識，同時也會讓人相信自己的運氣比較好，或天生有偏財運，彷彿離人人稱羨的大富豪就只差一步。

第二個階段：輸錢。賭徒多半會誤以爲輸錢只是短暫的，運氣立刻就會好轉，等手頭上資源慢慢消失，賭徒會依賴過去贏錢的記憶來支持自己繼續奮戰，總覺得馬上就會翻本。

第三個階段：拼命。當運氣一直沒有好轉，隨著債務越積越多，賭徒與家人的關係也越來越緊繃，這個時候，他們會開始拼命，包括拼命籌錢賭博，鋌而走險，做出違法犯忌的罪行。

習慣欺騙的人格特質

習慣欺騙的人通常外表都很有魅力，對自己有極大的信心，善於編出打動別人的故事，喜歡玩心理遊戲，會逃避乏味的生活，偏愛追求快感。

到法國南部旅行的時候，同行的朋友跟我說了一個在當地流傳已久的趣聞。一對年輕夫妻下班後，把車子停在自己家門口，可是第二天早晨醒來，卻發現愛車不翼而飛了。穿著睡衣的妻子焦急地對老公說：「一定是被人偷走了。」蓬頭垢面的丈夫則六神無主地問老婆：「那我們現在是不是要去報警？」兩人急急忙忙地走回屋裡，拿起話筒，正準備報警時，門鈴突然叮咚地響了。猜猜看，是誰來了？竟是偷車賊。這位偷車賊不但將車子毫髮無傷地送了回來，而且滿懷歉意的跟這對夫妻說：「對不起，我老婆生產，只好臨時借開一下你們的車子，爲了答謝兩位，我特地買了兩張戲票，請你們務必要接受我的道歉。」夫妻倆簡直是喜出望外，既省了打電話報警的麻煩，還有免費的戲可以看，眞是賺到了。到了週末，這對夫妻果然沒有辜負偷車賊的好意，打扮得光鮮亮麗去看戲。

偷車賊顯然下過一番苦功，把這對夫妻的喜好和興趣摸得一清二楚，所以即使他人不在戲院，也知道這對夫妻會看得很沉迷，好戲落幕之後，夫妻倆仍然興奮地討論著劇情，直到妻子拿出鑰匙打開家門，他們才突然安靜下來。妻子臉色蒼白地發出慘烈的尖叫聲：「那個偷車賊是個超級大騙子，他用兩張戲票換走了我們全部的家當。」更令這對夫妻氣憤的是，臨走前，那位偷車賊亦不忘留下一封感謝函，上面寫著：「謝謝你們這麼好騙。」

據說，這個改編自眞實新聞的故事，在當地轟動了好長一段時間。聽別人的故事能夠輕鬆以對，不過，萬一自己正好是故事中的男主角或女主角，那可就笑不出來了。習慣欺騙的人擅於博取別人的好感，會將人際往來視爲利益，常常盤算、思考可以從別人身上騙取什麼好處。

好友在美國留學的時候，有位失聯多年的同學，某天晚上意外地打電話給他：「阿義，是你嗎？我現在人正好在紐約，想過去看看你，不知道是否方便？」還來不及追問：「你怎麼查到我的電話和地址……」對方已經掛上電話。沒多久，門鈴果然響了，同學一臉笑容地走了進來。「算了，有朋自遠方來，管他怎麼查到我的電話。」爲了當個稱職的主人，阿義幾乎把家裡所有好吃的、好喝的都端了出來。儘管久未聯絡，兩人依然聊得很熱絡。同學非常興奮的告訴他，終於放棄念了五年卻不感興趣的企管，目前正在紐約學藝術。說到藝術，那位同學立刻滔滔不絕地講個不停，阿義一句話也插不進去。講得正得意，同學臉上忽然飄來一朵烏雲，他嘆了一口氣說：「唯一的缺憾是，精神生活雖然過得很充實，但物質生活卻過得很拮据。因爲我老爸和老媽反對我念沒有用的藝術，爲了逼我自動放棄，他們一刀切斷了我的經濟動脈，以爲這樣我就會乖乖聽話。」提到傷心事，同學總算停止說話，給阿義一個插嘴的機會：「那你的日子還過得去吧？」

「怎麼會過得去？我連買顏料跟材料的錢都沒有。」同學臉上如陽光般燦爛的笑容瞬間消失，換上另一張愁雲慘霧的臉。「有沒有需要我幫忙的地方？」由於不知道要怎麼安慰同學，不善言詞的阿義腸枯思索了半天，才擠出這句話。或許是受到感動，同學臉上又露出陽光般的笑容，他有點不好意思地開口：「那你可不可以借我一筆錢買顏料？」同學有難，怎能袖手旁觀，何況又是身在異鄉，更要發揮同學愛，彼此幫助才對，阿義馬上點頭說：「那你要借多少？」「不多，你只要借我一千塊美金應應急就好了。」一千塊美金雖說不多，卻是阿義打工半年，省吃儉用才存下來的零用錢。「我開支票給你，明天你存進銀行，就可以提出來用了。」阿義邊開支票邊解說。「那我要不要立一張借據給你？」同學試探性地詢問。「這麼點錢，不用了。」阿義說完，兩人同時拿起裝飲料的玻璃杯，互相碰撞杯緣，一方面慶祝久別重逢，一方面歌頌友誼萬歲。吃飽喝足之後，同學拿著阿義的支票，興高采烈地回去了。

過沒多久，阿義莫名其妙地收到一封同學寫給他的感謝信，內容大意是感謝阿義的慷慨解囊，大方贊助他買顏料的錢，他這輩子必會謹記在心，沒齒難忘。看完這封感謝信，阿義差點昏倒，一千塊美金就這麼一筆勾消，從「借貸」變成「贊助」，真讓人心痛。

故事尚未結束，有一年的聖誕節，阿義到另一個同學阿亮家聚會，無意間看到阿亮跟那個同學的合照。基於做朋友的道義，阿義想提醒阿亮不要借錢給這個不守信用的同學，於是他便指著照片上的人問：「你跟他很熟嗎？」阿亮以略帶疑惑的表情看著阿義說：「當然很熟，不然我們怎麼會一起去歐洲自助旅行。」「那旅行途中，他有沒有跟你借過錢？」阿義關心地問。「開什麼玩笑，大家都知道借錢給他是『肉包子打狗有去無回』，事前我們早就跟他約法三章，第一章便是借錢免談。」說到這裏，阿亮似乎想起什麼有趣的事情，嘴角浮出淺淺的笑意說：「那次旅行，爲什麼他沒有開口向我們借錢呢？我想到了，因爲出發前，他正好找到三個贊助人買他的畫。」阿義推算一下時間，自己恰好就是其中一名贊助人。要不是因爲「世界實在太小了」，大概一輩子都被那個同學蒙在鼓裡，不知道自己被騙了。從上面兩個被欺騙的故事可以歸納出習慣欺騙的人格特質，包括：

習慣欺騙的人通常外表都很有魅力，對自己有極大的信心，善於編出打動別人的故事，喜歡玩心理遊戲，會逃避乏味的生活，偏愛追求快感。還有習慣欺騙的人也很擅於博取別人的好感，會將人際往來視爲利益，常常盤算、思考可以從別人身上騙取什麼好處。爲了說動別人拿出好處，習慣欺騙的人都很會花言巧語，也很會做表面工夫，常常把別人騙的團團轉。

另外一個觀察的重點是，面對問題時會如何解決、如何達到目標，習慣欺騙的人常常用欺騙的方式來解決問題。我身邊有很多朋友都跟阿義一樣，被想出國旅行卻缺乏旅費的人欺騙，借錢理由大多是家中遇到危急狀況臨時需要一筆錢周轉，馬上就會還錢，結果當然是錢借出去，人也消失不見。並且，最後都會在無意間得知對方借錢並不是因爲家中遇到危急狀況，而是拿著自己省吃儉用的辛苦錢出去旅行玩樂。

習慣欺騙的人多半沒有誠實的觀念，連不需要說謊的狀況他們還是會說謊。他們會合理化自己的行爲，總是將事情的角度轉成對自己有利的說詞，就像阿義的同學會把跟阿義「借錢」轉變成「贊助」的說詞，這樣對別人既不會有愧疚感，對自己更覺得心安理得。由於「習慣欺騙」也是「反社會人格」的重要行爲指標之一，因此，不妨參考「反社會人格的行爲特徵」，看看對方還有沒有其他危險的行爲模式，如果有的話，最好保持安全距離。

預防被熟人欺騙的心理防護罩

曾經有過被欺騙的經驗，失去的不只是金錢財物，更大的損失是失去對人性的信任。現實生活裡或許有不少人跟阿義一樣，因爲同情別人而被騙上當。儘管如此，我還是不願意對人性失望，寧可相信人性本善，不然那些臨時落難的人，豈不是要求救無門了嗎？對於我的「人性本善」理論，「一朝被蛇咬，十年怕草繩」的阿義很不以爲然的表示：「難道有同情心的人就要被欺騙嗎？」當然不是，我的防騙措施是，不要碰來路不明的東西，包括：來路不明的朋友、來路不明的食物、來路不明的禮物，以及來路不明的好處。

如果有意圖不明的朋友主動找上自己，要如何安全脫身呢？多年前，有個長輩傳授我一招保身之道，非常管用。當時，這位長輩看我年幼善良，就好心提醒我說，很多人想找你借錢時，都會先敘述一段自己悲慘的遭遇，例如，被沒良心的朋友倒了多少錢，生活過得多麼艱難困苦等等，目的就是要逼你不由自主說出：「有沒有需要我幫忙的地方？」有了這句話，他們便會立刻提出借錢的要求，因爲這樣就算他們借錢不還，依然擁有正當理由：「是你自己要幫忙的，沒有人強迫你。」如果想要幫忙對方又要避免被騙，一種做法是暫緩借錢給對方，可以先透過共同的朋友了解狀況後，再決定怎麼協助對方比較好。另一種做法是提供所需的資源但不提供金錢資助，以阿義的例子來說，直接買顏料給同學但不要金錢支助，鼓勵他多多創作。

除了不碰來路不明的人事物外，還要設法降低物欲，練就不貪心的境界，才能做到富貴不能騙的境界。舉例來說，身邊常常會有一些善於投資理財的友人用「好東西要跟好朋友分享」的口吻，想盡辦法開導我：「這可是一個千載難逢的賺錢機會，因爲你是我的好朋友，我才跟你分享。」見我沒有心動，他們又會加重語氣說：「保證穩賺不賠。」或許沒見過這麼不愛賺錢的人，他們會語帶挑釁地反問：「這種好事情，你到哪裡去找？」竟然有人不願意接納他們的賺錢建議，最後他們乾脆威脅加利誘地對我說：「不加入你會後悔。」這幾句話中充滿威脅的意味，倘若眞的是我的好朋友會尊重我的決定，而不會威脅我，當對方越用力說服我，我就越會覺得：其中有詐，因為天下哪有「保證穩賺不賠的投資」，所以，當對方的說詞都在努力降低自己的風險意識時，就要提高警覺是否有什麼陷阱在裡面。

◀分析：詐騙心理學

要預防受騙上當，就要了解騙子慣用的詐騙心理以及手段，才能避免掉入對方精心設計的陷阱中。

●**掌控情緒達成誘騙目的：**基本上，所有的騙子都是玩弄情緒的高手，或是運用三寸不爛之舌引發人們的貪念，讓人產生「錯過這個千載難逢的機會實在太可惜」的心理，接著煽動緊張的情緒：「如果不趕快做決定就來不及了」，努力使人們的情緒淹沒理智，然後糊裡糊塗拿出錢來。

此外，騙子也很愛操縱人們的恐懼心理，假借法院、銀行的名義，指使人們乖乖聽命行事。或是利用妻子害怕丈夫外遇，人們深怕罹患重病、擔心厄運纏身的心理，說服當事人拿出錢來消災解厄。或是扮演歹徒，威脅綁架孩子，恐嚇家人立刻到銀行匯贖款，不然就會發生悲劇，電話另一頭還故意傳來哀號聲，意圖取信家人。

●**心思細密控制欲強**：專業的騙子很少臨時起義，他們大都心思細密，會事先預想對方的反應，沙盤推演對方會提出什麼問題，然後要如何回答才眞實，至少比對方多思考五步棋，這樣才能見招拆招，不會亂了陣腳。騙子最大的樂趣就是看著對方一步一步掉入自己設下的陷阱中，那種成就感，絕非筆墨所能形容。

有個朋友曾經跟職業騙子交過手，事後回想起來，眞的不得不佩服騙子的機智反應。整個被騙過程就如同電影情節般有起承轉合。開始時騙子先麻煩朋友做一分問卷調查，同時爲感謝他的合作，還邀請他去參加公司的說明會，從時間到地點都交代得非常詳細清楚。

算準朋友不會出席說明會，當天特別打電話來恭喜他中了大獎：「哎呀，你不在現場嗎？你中了第三大獎，那我們要怎麼把獎金匯給你？」聽到朋友的語氣似乎有點半信半疑，馬上歡迎朋友打電話給其他中獎人印證：「黃先生已經領到獎金，我給你電話，你可以自己打電話去問他。」可想而知，黃先生當然開心表示：「眞是太幸運了，祝福你也趕快領到獎金，我正準備到國外度假。」

剛跟黃先生講完電話，朋友立即接到電話：「全部的中獎人都領完獎金了，現在只剩你一個機會了。」接著更耐心解釋：「法律規定，中獎人必須先匯稅金，公司才能匯出獎金。」然後不忘提醒朋友：「三點半前一定要匯出稅金，這樣馬上就可以領到獎金。」等朋友匯完款項，打電話去詢問尚未收到獎金，騙子隨即用懊惱的聲音說：「阿呀，你太晚匯款了，就差一步，明天早上九點，你就會領到獎金。」

第二天早上，朋友當然還是沒有領到獎金，決定到警察局報案，並且在警察局打電話給騙子，沒想到對方非但不怕警察，更稱讚朋友：「你去報警很好，證明我們眞的是合法公司。」並且態度從容的跟警察對答如流，事後還和朋友抱怨：「警察的態度很不好。」這個舉動又讓朋友燃起希望：「如果眞的是騙子，應該不敢跟警察講話。」一路下來，朋友完全在騙子的掌控中，到最後不管大家怎麼勸說，朋友都不相信自己遇到騙子，眞是太高明了。

● **藉助名人贏得信賴**：以往最常見、最典型的詐騙手段，就是跟企業名人、權威人士合照，藉由社會大眾對企業知名人士的信賴感，進而間接獲得信任感。所以，除非經過求證，企業名人親口表示雙方交情匪淺，否則還是不要輕信。

近來更爆發一些知名騙子，乾脆直接跟名媛明星交往，營造出幸福美滿、上流社會的形象，當有人質疑其眞假時，馬上把明星女友搬出來：「不信你可以問我女友，她投資我五年，一切都沒問題。」在明星女友的背書下，簡直無往不利。

● **利用名校名牌包裝身分**：不少騙子都喜歡吹噓自己擁有令人艷羨的名校學歷，這是因為一般大眾都很佩服學識淵博的人，認為「可以念到名校一定有其過人之處」，所以，騙子特別愛變身爲博士、教授、學者，更愛引經據典，滿口英文、使用專有名詞，來彰顯自己的才學，提高其聲譽，讓別人相信他有眞才實料。

●**眞假相雜魚目混珠**：最難辨別的騙術就是「眞假相雜」，很容易讓人信以爲眞，這就是爲什麼詐騙集團會努力收集顧客的消費資料，當他們用肯定的語氣逐一核對個人資料時，立刻贏得人們的信任感。再者是利用衆所周知的新聞事件來騙財，譬如退稅、災害募款、銀行催繳，如果來電顯示的電話又好像是某公家機關的號碼，民衆通常馬上會依照騙子的指示去做。

還有一種「眞假相雜」的騙術是，利用家人之間的信賴心理，舉例來說，騙子冒充快遞人員的身分，告知家人：「這個包裹對方交代貨到付款」，倘若金額不大，一般都會趕快付款，而不會先跟家人求證，以免耽誤快遞的時間，等到發現被騙，由於金額不高，多半會自認倒楣，不會去報警。

甚至有詐騙集團掌握民衆親人過世的資料，謊稱已故親人曾經在該公司投資，而且獲利上百萬元，然後詢問家人：「是要繼續投資？還是辦理結算領回？」無論家人回覆哪個答案，他們都會要求家人：「必須先將『法院的死亡證明』和『投資人繼承人親屬關係證明』傳眞到公司，然後只要繳交上萬元手續費，就能完成轉移。」除了過程眞假相雜外，他們也深諳家人尚未走出傷痛，極易陷入六神無主的狀態，便不斷催促喪家快點來辦理手續，加上親人過世很難查證眞僞，以致不少人受騙上當。

也有一些騙子是使用「眞實身分」，來進行詐騙。譬如，老師慫恿家長投資開補習班，事前說好「一年回本，半年分紅」，結果血本無歸，家長才知道老師設下誘騙的陷阱。

現在更有不少騙子假借「投資之名」，花錢裝潢門面氣派的公司，印製美輪美奐的公司簡介，包裝數據漂亮的企劃書，並且應徵一群精英份子，畫出充滿賺錢希望的未來遠景，吸引投資人慷慨下注。過去的騙子可能只靠張三寸不爛之舌，就能把投資人騙得暈頭轉向，但現在的騙子段術更高，也更捨得投資，他們會「眞假相雜」，眞的設立公司、招募人員，假的投資計畫，如果沒有細心求證，連專家都會踢到鐵板。

● **主動點出對方的擔心：**「我知道現在詐騙集團很多」，有些騙子會主動點出對方的擔心，這樣做反而會讓懷疑者不好意思，覺得自己似乎「以小人之心度君子之腹」，爲了顯現誠意，便會相信騙子所說的一切。

還有些騙子會好心好意提醒對方：「最近經濟不景氣，一些不肖公司收了客戶的訂金之後，就突然人去樓空；或是吹噓產品有多好，事實上是拿次級品混充優良產品，對於同業這樣的做法，我們也感到很厭惡。」

當騙子指出別人的惡劣行徑後，好像就會被「例外化」，表示他不是壞人，這種「二分法」，強調「不是好人就是壞人」，往往暗藏陷阱，讓人即使受騙上當，仍然不相信：「他明明是個好人，怎麼可能會騙我？」這種手法就像推理小說中的「伏兵」，他們會刻意提醒同伴「注意身邊壞人」，而當同伴將其視為心腹時，也是他們出手的最佳時機。

此外，不少名牌或名酒的仿冒品，在標籤或說明書中，還會特別標示「注意仿冒品」，或有防偽標籤，甚至教導消費者如何辨識仿冒品，運用的都是相同的詐騙手法。

●**暴露小惡隱藏大惡**：當人們處於警戒狀態，一旦完成任務，整個人就會鬆弛下來，這便給了有心人可趁之機。例如，有些店家會先安排一些簡單的小錯誤讓顧客發現，等顧客抗議時，店家隨即謙卑有理的道歉：「抱歉，下次絕對不會再有這種錯誤。」通常對方願意承認錯誤，我們多半會產生優越感，認為：「自己眼力過人，明察秋毫，才沒有那麼好騙。」事實上，當內心覺得「高人一等」時，就要特別小心，很容易因警戒心鬆弛而出現被騙的漏洞。

●**信守小約定騙取大利益**：很多投資型騙子都曉得「信守小約定騙取大利益」的詐騙心理。剛開始，投資者多半會有疑慮，心想：「反正錢不多，被騙就當成繳學費」，因此投入金額不會太大。這個時候，贏得投資者信任的最快方法，就是準時支付利息，慢慢的等投資者的心防逐漸鬆懈，就可以鼓吹加碼投資，再狠狠騙取最大利益。

另外，網路上亦有不少賣家運用這種心理詐騙消費者，舉例來說，先在網路上強調「必須預定才能買到」，讓消費者習慣預定的消費模式，接著以「低於行情」的價錢來吸引消費者，同時正常出貨，一方面建立信賴感，另一方面培養忠實顧客，等到水到渠成、大魚上勾，賣家就消失得無影無蹤。

● **要什麼有什麼的感情騙子：**由於我的論文主題是研究兩性聯誼活動的愛情現象，所以每當看到女性感情被騙的新聞，都會努力思考，這些愛情騙子到底是運用什麼心理戰術來贏得女生的信賴，進而達到人財兩得的目的？

根據我收集到的案例發現，最容易引誘女性掉入感情陷阱的「名言」，第一名大概非「只有妳」或「只為妳」這三個字莫屬。

曾有個愛情騙子約會時出手闊綽，不惜砸重金買禮物送給女生，就當女生暗自高興找到金龜婿，對方就開始「變窮」，而且為了證明「錢都花在妳身上」，還會感性地表示：「只想給妳最好的，自己沒錢吃飯也沒關係。」聽到如此體貼的話語，有誰能夠狠下心來拒絕對方的追求？

除了利用女生的罪惡感之外，愛情騙子也很了解女性多半有「要求完美」的傾向，擇偶過程不能犯任何錯誤。因此他們會針對女性的需要，打造出「超完美情人」的優渥條件，譬如，從小在國外長大的ABC，求學時代是美日名校的高材生，目前在國內知名企業擔任高階主管，未來前途一片光明燦爛，值得托付終身。

在感情詐騙案件中，最常見的狀況是，眞假交雜，讓人分不清楚是非善惡。舉例來說，有個愛情騙子和女生交往的時候，會指著電視上的知名律師主持人說「這是我學長」，接著還會爆點小八卦，敘說兩人當年學生時代的糗事，以取信於人，或是帶女方去他老家探望年長的父母，代表自己是「認眞在談戀愛，不是抱著玩玩的心態」。

甚至有些愛情騙子會利用「假公司」配合「眞同事」，來建立自己的身分地位。有個被騙的女性透露，和自稱副總的愛情騙子戀愛期間，每次打電話去他公司，都會有個「特助」接電話，而且對方還會客氣地說：「副總正在開會，麻煩留下電話，等下請他回電。」幾可亂眞的情境，讓這位受害的女性，至始至終都難以相信「自己居然被騙了」。

還有些愛情騙子會故意顯示自己的弱點讓對方看到，運用反向操作的手法，來降低對方的警戒心，這樣反而會留給對方「老實」的印象。一個曾經受騙上當的女性回憶說，對方每次約會買單都會報公帳，同時也會直接告訴她「公關費太多用不完」，有次對方還刻意背錯公司的統編，請她上網查公司統編，結果發覺該公司統編眞的就是這個號碼，讓她覺得對方「既迷糊又誠實」。

另一個愛情騙子建立良好形象的招數是「利用不知情的第三者」，讓女生誤以爲他心地善良、品行端正。像有個愛情騙子在逛街時，看到路邊的慈善機構在募款，他當場二話不說，主動捐錢救助貧寒，適時發揮悲天憫人的情懷，很容易就營造出「好心腸」的人格特質。

愛情騙子最厲害的本領就是，在最短的時間內消除對方的不安，儘快建立起信賴感。爲了達成任務，剛認識對象時，愛情騙子多半會主動報告行蹤，信守小的約定，故意吃點小醋，不斷釋放「很在乎對方」的訊息，讓女性一步一步掉入愛情的陷阱中。

當然愛情騙子也最了解「人性弱點」，他們深諳女性渴望「麻雀變鳳凰」的心理，所以第一次約會他們會特地選在五星級大飯店，並且在對方面前表現出一副「熟客」的模樣，譬如熱絡地請服務生跟經理問好，或是會細心的跟對方解說廁所在哪裡，什麼菜做得最道地最好吃，這些表現都是要讓對方以爲他既有品味又體貼，慶幸自己找到值得托付終身的王子。

另外，愛情騙子更會利用女性「不允許再蹉跎時間」的焦慮心理，一方面加快約會追求的速度，急著見面，一星期不到就深陷愛河，開始編織美麗的未來遠景，爲了讓兩人能夠過著幸福快樂的生活，一連串的「吸金計畫」就此展開。即使一切計畫都宣告失敗，愛情騙子依然可以流著眼淚，誠懇難過的跟女性道歉，「自己無法給妳一個幸福的未來，只好痛苦提出分手，不能耽誤妳的一生。」說辭多麼感人肺腑。

被騙後出現認知失調的心理

有時當眞相太過痛苦，人們往往會選擇自我催眠，寧可被蒙在鼓裡，也不願接受事實。知名的心理學家費斯丁格（Festinger）做過一個很有趣的實驗，他帶著一群學生實地觀察宗教狂熱份子等待飛碟降臨，世界末日來到的整個歷程。

事後發現，當初深信世界會滅亡，而賣掉全部家產的信徒，在等待飛碟毀滅地球時態度最虔誠，就算後來苦等不到飛碟的蹤影，仍舊不放棄希望；直到領導者出來宣布：「因爲大家的誠意感動了上帝，以致化解飛碟攻擊地球的災難，所以從今天開始，大家要努力宣揚上帝的神蹟，造福世人。」

猜猜看，這群賤賣家產的信徒，會採取什麼行動？是抗議領導者欺騙大家，請求賠償損失？還是繼續相信領導者的話，盡力宣揚上帝的神蹟？費斯丁格根據研究結果提出「認知失調理論」，當人們投入越多、犧牲越多的時候，就可能會出現「認知失調」的情形，因爲承認自己受騙上當，會引發強烈的心理衝突，導致巨大的緊張不安，爲了消除緊張，恢復平靜，最簡單的方式就是，拒絕相信眞相，繼續選擇被騙。

分析：藥物毒品成癮的行為反應

不少藥物毒品成癮的人，都是從青少年階段開始使用藥物毒品，雖然各有不同的原因，但不外下面這幾個因素：有人是因爲朋友聚會，基於娛樂效果嘗試看看。有人是受到好奇心驅使，想要體驗是什麼感覺。也有人是爲了達到某種效果而使用，譬如說，借助藥物提神、放鬆情緒。還有人是依賴藥物解除壓力煩悶，不知不覺藥量越用越重，倘若停止不用便會引發嚴重不適、難受的身心反應。

不良的家庭溝通及人際關係

國內外關於濫用藥物毒品的研究非常多，發現嚴重藥物毒品成癮的人普遍親子溝通不良，親子之間缺乏親近、公開、自在、積極、正向的溝通習慣。

再者，父母本身也有較高比例的成癮習慣，譬如酗酒習慣、抽菸習慣。

藥物毒品成癮的人對父母有較多不滿的情緒，一方面父母較少稱讚、鼓勵他們；另一方面父母的教養習慣往往前後矛盾，經常態度不一致，一味嚴厲限制管制，當孩子不符合父母期望又習慣性拒絕、不接受他們。

還有些藥物毒品成癮的人是屬於身體受虐兒，或是遭受過性虐待的人，由於成長的記憶實在太痛苦了，加上他們也習慣性貶抑自己，讓他們很容易逃入藥物毒品的世界裡。

此外，藥物毒品成癮的人也比較容易感受到寂寞、孤單、憂鬱的情緒，也比較容易有危險性行爲。

使用大麻的行為反應

很多使用大麻的人會認爲，大麻是天然的植物，對身心不會造成太大的危害，其實不然，使用大麻的時候會出現顯著的問題行爲或是心理改變，譬如導致動作協調損害，產生欣快感、焦慮感，感覺時間過得很慢，判斷力減損，社交也會退縮。使用大麻後兩小時則會出現結膜紅腫、食慾增加、口乾、心跳過快等生理反應。

如果長期大量使用大麻，更會出現下面這些戒斷症候群：易怒、生氣或有攻擊性，容易緊張或焦慮，難以入眠，食慾降低或體重減輕，坐立不安、憂鬱情緒，也會造成身體不適，如腹痛、發抖、冒汗、發燒、發冷、頭痛等生理不舒適狀況。

此外，大麻還會引發精神病症、焦慮症、以及睡眠障礙症等，並非大麻使用者所認爲的不會對身體造成危害。

使用安非他命的行為反應

使用安非他命的人會出現大量不適當的行爲，像是會與人鬥毆，過度敏感、判斷力變弱，過度自誇，人際關係惡化，工作效率降低。

一段時間後如果突然中斷使用安非他命，會出現下面這些戒斷症候群：憂鬱症、易怒、焦慮，坐立不安、容易疲勞、失眠或嗜睡，甚至出現譫妄或妄想。

如何戒掉成癮習慣

無論是購物成癮、性愛成癮、賭博成癮、酒精成癮、藥物毒品成癮，一旦染上成癮習慣，都很不容易戒除，這是由於成癮的人常會爲了某些心理狀態而導致破戒，這些破戒的想法會降低成癮者的警覺性，讓他們再度沉迷於成癮的世界中。

諮商的過程中，看過不少爲成癮所苦的靈魂，他們不斷擺盪在發誓戒除成癮行爲，又再度破戒的挫折情緒中。

成癮的人通常會遇到的困境有三個：

第一個是再度進入過去沉迷的情境。

第二個是戒癮的過程中要對抗渴望或破戒的情境。

第三個是很難發展其他有益身心的戒癮活動。

當成癮者遇到困境，倘若沒有找到有效的解決方法，那麼問題會逐漸累積成壓力，很容易就導致破戒，形成惡性循環。

容易導致破戒的想法包括：

想要逃避——快速遠離痛苦情境，暫時甩開壓力。

想要放鬆——工作那麼辛苦，總該輕鬆一下吧。

什麼都不管了——對生活目標失去動力，不在乎任何事情，腦中充滿幻滅的想法。

無法自我控制——原本保證自己可以控制成癮的行為，卻又再度破戒。

當成癮的欲望越來越強烈時，成癮者的人際關係也會變得越來越緊繃，他們會自動迴避阻止成癮行爲的家人朋友，只愛跟同樣有成癮行爲的朋友在一起，也常常禁不起別人的邀約而破戒。

另一種常見的社會壓力是，成癮者會忍不住回到欲望呼喚的老地方，譬如趁著出差回程順道去賭場逛逛，結果受不了誘惑，又再度破戒。

假如日常生活中無法完全避開危險情境，那麼「學習如何拒絕」，就是戒癮成功與否的關鍵，越能夠拒絕誘惑，就越不會破戒，相反的，越合理化成癮的行爲，總是使用藉口或模糊的回答，就越有可能翻滾在成癮的浪潮中，不可自拔。

事實上，欲望就像浪潮，只會增強到某個程度，之後便會漸漸消退；所以當它出現時，想像自己是個衝浪者，隨著海浪起伏，感受它的發生、增強到破滅，然後變成泡沫。當成癮者了解自己的心理議題與欲望的關連，就能逐漸學會以最小的力氣駕馭控制自己的欲望。

從習慣洞察人心

作　者—林萃芬
主　編—林菁菁
企劃主任—葉蘭芳
封面設計—楊珮琪、林采薇
內頁設計—李宜芝
董 事 長—趙政岷
出 版 者—時報文化出版企業股份有限公司
108019 台北市和平西路三段 240 號 3 樓
發行專線—(02)2306-6842
讀者服務專線—0800-231-705・(02)2304-7103
讀者服務傳真—(02)2304-6858
郵撥—19344724 時報文化出版公司
信箱—10899 臺北華江橋郵局第 99 信箱
時報悅讀網—http://www.readingtimes.com.tw
法律顧問—理律法律事務所 陳長文律師、李念祖律師
印　刷—勁達印刷有限公司
初版一刷—二〇二〇年四月十日
初版十九刷—二〇二四年三月一日
定　價—新臺幣三五〇元
（缺頁或破損的書，請寄回更換）

時報文化出版公司成立於一九七五年，
並於一九九九年股票上櫃公開發行，於二〇〇八年脫離中時集團非屬旺中，
以「尊重智慧與創意的文化事業」爲信念。

從習慣洞察人心 / 林萃芬著 . -- 初版 . -- 臺北市 : 時報文化 , 2020.04

面；　公分

ISBN 978-957-13-8114-5(平裝)

1. 行爲心理學　2. 肢體語言

176.8　　109002204

ISBN 978-957-13-8114-5
Printed in Taiwan